소자본으로 할 수 있는
청년창업백서

저자   비피기술거래 비피제이기술거래

(주)비티타임즈

소자본으로 할 수 있는 청년 창업 백서

<제목 차례>

01

창업개요

1. 창업개요

가. 서론

실업에 관한 이야기를 할 때 청년사업을 **빼놓을** 수 없는 20대의 문제에서도 청년실업은 커다란 이슈이다. 1997년 IMF 당시에 청년실업 문제는 잠깐 이슈화 되었다가, 정부의 노력과 IT산업을 중심으로 한 벤처열풍으로 조금 잠잠해지는 듯 보였다. 그러나 2003년 '이태백'에서부터 현재의 '88만원세대'까지 여러 가지 신조어와 함께 심각한 사회문제로 다시 대두되고 있다.

그러나 청년실업은 한국뿐만이 아니라 일본, 미국 및 유럽 선진국들도 경험하고 있는 사회 문제이다. '천유로 세대'라 불리는 유럽의 청년들은 도시에서 폭동을 일으키기도 했고 '프리터(Freeter)'니 니트(NEET)족'이라는 말들은 모두 일본에서 처음 청년들의 사회문제를 두고 붙여진 말이다.

청년실업자는 단기적 실업자들이나 기존 직장에서의 해고 등의 이유로 실업자가 된 경우와는 달리, 고용시장에 진입하지 못해 일할 기회 자체를 구조적으로 박탈당한 신규실업자를 말한다. 현재 한국의 청년실업률은 공식적으로 7%수준이다. 통계대로라면 약 35만 명 정도가 청년실업자인데, 이 정도의 청년실업률은 다른 나라와 비교했을 때 그렇게 높은 수치가 아니다. 그러나 이 수치는 통계의 허점을 가지고 있다. 비경제활동인구를 포함시키고 있지 않다. 실제 40만 명이 넘는 청년층 취업준비자들은 청년실업 상태에 놓여있지만 통계수치는 그들을 포함하고 있지 않다.

과거 선배들의 취업문제가 자기가 원하는 직장에 갈 수 있는가, 없는가의 문제였다면, 지금은 말 그대로 직장을 구할 수 있는가 없는가의 문제이다. 정부는 이토록 심각한 사회문제가 되고 있는 청년실업을 해결하기 위해 다양한 방안을 내놓고 있으나, 정작 문제의 중심에 서 있는 청년 백수들에겐 크게 도움이 되는지 의문이 든다. 이번 조사를 통해 우리나라의 청년실업 실태를 비판적으로 바라보고, 해결 방안, 또한 소자본으로 할 수 있는 창업아이템들, 성공사례 등을 분석해보고자 한다.

02

트렌드

2. 트렌드

가. '2021 창업 유망 트렌드'

2020년 한국 경제가 -1%로 뒷걸음질 쳤지만 국내총생산(GDP) 규모는 세계 10위로 높아진 것으로 파악됐다. 다른 국가들에 비해 역성장 폭이 작았던 영향이다. 1인당 소득 수준은 주요 7개국(G7) 반열에 오른 것으로 분석됐다.

한국은행이 26일 집계한 지난해 한국의 실질 GDP는 1830조5802억 원. 이를 지난해 평균 원·달러 환율(1180원10전)을 적용해 환산한 달러 기준 GDP는 1조5512억 달러다.

한국의 GDP 규모는 2019년 12위였지만 지난해에는 10위로 두 계단 올라갔다. 2019년 기준 한국보다 GDP 규모가 컸던 브라질과 러시아의 지난해 역성장 폭이 한국보다 훨씬 컸기 때문이다. 국제통화기금(IMF)은 브라질이 2019년보다 4753억 달러 감소한 1조3638억 달러를, 러시아는 2384억 달러 줄어든 1조4641억 달러로 기록할 것으로 전망했다. IMF는 직전까지 지난해 한국의 성장률을 -1.9%로 예상했다. 하지만 실제로는 -1.0%로 IMF의 전망을 뛰어넘어 선방했다는 평가를 받고 있다.

코로나19의 영향으로 2020년은 혼란스런 사회 분위기 속에서 소비자와 창업자 모두 당황하여 대처해야 했던 임기응변의 해였다. 이의 영향으로 2월 이커머스, 음식배달 등 온라인 업종의 매출이 1월 대비 증가한 것으로 조사됐다. 반면 동기간 오프라인 기반 업종을 포함한 대부분의 기업은 매출 감소세를 보인 것으로 나타났다. 감염병 확산의 우려로 오프라인 공간의 접촉은 피하고 비대면 온라인 소비 문화가 확산되는 추이가 관측된다.

2021년은 코로나19 백신의 보급으로 상반기나 늦어도 하반기 중에는 다시 옛 모습을 찾을 수 있는 해로 예상된다. 하지만 소비문화가 과거의 모습을 완전히 되찾기는 어려울 것이라는 것이 전문가들의 진단이다.

올해 언택트 소비가 가져온 배달 및 테이크아웃의 활성화는 2021년 새해에도 계속될 전망이다. 다만 2020년엔 오로지 배달 및 테이크아웃 업종이 나 홀로 성장을 했다면, 2021년엔 홀 판매와 배달 및 테이크아웃 영업을 적절히 균형 잡아 운영하는 업종도 성장할 것으로 예상된다. [1]

---

1) 2021 창업시장 전망/ 일요시사, 강병오

나. 대한민국은 지금 푸드 창업 열풍!

요즘 청년들의 창업을 향한 뜨거운 관심! 그 중에서도 푸드 창업은 상대적으로 적은 자본으로도 시작할 수 있다는 점에서 청년들의 관심이 더욱 핫한 분야입니다.
푸드 트럭을 **소자본으로 할 수 있는 창업**으로 선망되고 있는 이유는 무엇일까요?

그림 1 푸드 트럭 창업 열풍

1) 푸드 트럭 창업비용[2]

8평 테이크아웃 매장기준, 가맹비만 3~5천만 원 정도가 든다고 하는데요. 매장을 내면 임대차 계약을 해야 되기 때문에 보증금, 부동산 비용 등 추가로 지출되는 게 많아서 약 2억 정도는 여유자금이 있어야 일반 매장 창업이 가능합니다.
이에 반해, 푸드 트럭 창업은 보증금, 월세 지출이 없어서 트럭구입, 개조, 권리금 포함하여 2천만 원으로 모든 것이 창업 가능하다고 합니다. 물론 행사장에 가거나 합법한 장소를 사용하면 사용료가 부가되지만, 일반적인 임대차 상가에 비하면 10분의 1수준이기 때문에 소자본 창업 아이템으로 뜨고 있습니다.

---

2) 미래청춘 2017.12.09 13:44

2) 푸드 트럭을 하는 이유는?

소자본 창업만 가능하고 수입이 적으면 안 되겠죠. 흔히 매장 창업을 직접 경영한다면 순수익 월 400~500만원이면 준수하고, 대박 난 집 같은 경우에는 월 1,000만 원 이상이 된다고 합니다. 푸드 트럭일 경우 인건비가 들지 않는 직접경영이므로 **70% 수익을 가져갈 수 있기 때문에**, 하루 매출 300~400만원이면 준수하고, 대박 푸드 트럭일 경우는 하루 1,000만원을 벌기도 합니다. 만약 **한 달 약 3,000만원의 매출이 발생된다면 순수익은 천만 원 대 후반 정도가** 되는 거죠. 그렇기 때문에 2억 원으로 8평의 매장을 창업하는 것보다 2천만 원으로 2평짜리 푸드 트럭을 창업하는 것이 효율적입니다.

그리고 여건상 사업을 그만두게 되었을 때, 일반 매장 창업의 경우 약 2~3천만 원의 손실이 있는 반면, 푸드 트럭은 중고차시장에 내놓았을 때 **감가가 약 15%밖에** 되지 않습니다. 푸드 트럭을 처분하더라도 150만 원 정도 밖에 손실이 생기지 않기 때문에 **잔존가치가 대단히 높은 사업**이라고 할 수 있습니다.

초창기 국내 푸드 트럭은 합법적으로 영업할 수 있는 장소가 마땅치 않았는데, 요즘 정부에서도 푸드 트럭 창업에 관심을 두고 있어서 유동인구가 많은 곳에 공식적으로 자리를 지정해 주는 **'푸드 트레일러 존'이 증가**하고 있습니다. 여의도 한강공원, 서울 동대문 DDP, 수원 지동시장 앞 등에서 활발히 영업할 수 있고, 그 외 스포츠 경기장이나 행사장 등 **다양한 곳으로 쉽게 이동하여 장사**할 수 있기 때문에 타깃을 분석한 메뉴와 실력을 갖추고 있다면 장사가 안 될 수가 없다고 하네요.

특히 요즘은 1인 가구가 늘어남에 따라 혼밥족이 증가하고 있죠. 혼밥족은 식당에서 사먹기가 부담스러워서 비슷한 배달음식을 먹기도 하는데, 그런 혼밥족에게 푸드 트럭은 다양한 음식을 골라먹을 수 있는 재미를 주고 있어 인기입니다. 그리고 푸드 트럭을 하면 단골이 안 생기지는 않을까? 라고 생각하실 수도 있지만, 요즘은 SNS으로 이동하는 장소를 공지하기도 해서 인기 푸드 트럭은 손님이 찾아오기 때문에 소자본으로 높은 수익을 낼 수 있는 창업 아이템입니다.

3) 푸드 트럭 창업 시 고려할 점은?

메뉴선정

강남권에서는 필리스테이크가 오천 원에 잘 팔리지만, 다른 상권에서는 샌드위치 가격으로 비싸다고 생각한다고 합니다. 그리고 푸드 트럭 메뉴는 순환주기가 빠르고 계절도 많이 타죠. 따라서 맛있고 하고 싶은 음식을 선택하는 것이 아니라, 그 지역의 소비자 연령대, 이동시간 등 상권을 분석하여 소비자의 패턴을 파악, 마진율을 따져서 메뉴를 선정하는 게 중요합니다. 만약 초보자라면 대중적인 메뉴로 시작하는 것이 좋습니다.

영업장소

푸드 트럭은 일반 매장보다 저렴한 가격으로 음식을 제공하기 때문에, 장소 선택 시 주변상권과 너무 가까우면 기존상권의 반발이 있을 수밖에 없다고 하는데요. 만약 메뉴도 겹치게 된다면 마찰이 생길 수 있기 때문에 지자체나 (사)한국푸드트럭협회에서 이러한 부분을 고려해서 합법적인 영업 지를 선정한다고 합니다.

그림 2 푸드 트럭 현황

2020년 이후 코로나19의 여파로 봄 성수기를 잃은 '푸드트럭' 업계가 혹독한 한파를 겪고 있다. 푸드트럭은 지자체가 정한 제한된 장소에서만 영업을 할 수 있는데, 지역 축제와 각종 행사들이 줄줄이 취소되면서 장사를 할 수 있는 공간이 송두리째 사라졌기 때문이다.

또 청년창업 육성이라는 정부의 당초 목표와 달리 영업허가가 너무 까다롭고, 대출 등 정부지원의 사각지대에 놓이면서 설 자리가 점점 좁아지고 있는 점도 업계의 우려를 높이고 있다.

푸드트럭 업계는 사람들의 활동이 활발한 봄과 가을을 최대 성수기로 보지만 코로나19 확산 방지를 위한 '사회적 거리두기' 움직임이 지속되면서 사실상 영업이 전면 중단된 상태다. 통상적으로 푸드트럭은 유동인구가 많고 소비자들과 접점이 많을수록 매출이 상승하는 구조인데, 감염 우려에 사람들이 몰리는 장소를 기피하는 현상이 심화되면서 급격한 매출 감소를 겪고 있다.

푸드트럭 운영 4년차 김 대표는 "푸드트럭은 날씨 등 외부 영향을 많이 받는 업종으로 1년 중 봄과 가을에 6개월 정도 장사를 바짝 하는데, 3월말부터 가장 바빠야 하는 시기임에도 코로나19 발병 이후 장사가 중단된 상황"이라면서 "대부분 지역 축제장 안에서 영업을 하는데, 모든 행사가 연기되고 취소돼 몇 달째 매출이 0원"이라고 말했다.

더불어 그는 "소자본으로 사업을 시작할 수 있어 위험부담이 적다는 이유에서 첫 발을 들였는데, 최근 아르바이트생으로 전락했다"면서 "대부분의 푸드트럭 사장님들도 배달 일을 병행하거나 퀵서비스 등과 같은 다른 일을 통해 수익을 보존하고 있다"고 업계 상황을 전했다.

더 큰 문제는 종자돈을 끌어 모아 영업을 시작한 사업자가 대부분이라는 점이다. 수익이 없어 생활이 어려운 상황인데도, 폐업조차 쉽지 않다는 점 역시 큰 걸림돌이다.[3]

다. 우리는 '배달의 민족'[4]

싱글족, 코쿠닝족이 늘어나고 SNS를 통한 소통 및 모바일 라이프가 확산되면서 배달 사업의 성장세는 천하무적이다. 치킨 피자 등 일부 영역에 국한됐던 배달 품목이 이제는 거의 전 업종으로 퍼지고 있다. 호텔식 브런치와 양식 메뉴부터 에스닉 푸드, 나아가 삼겹살과 반찬, 커피까지 배달시켜서 즐기는 세상이 됐다.

배달 사업의 장점 중 하나는 공격적인 마케팅 활동을 통해 주도적으로 매출을 만들어낼 수 있다는 점이다. '배달의 민족' 등 배달 앱 회사들도 배달을 활용한 마케팅 강좌를 수시로 개최해서 매출 증대 방안을 제시하고 있다. 배달 전략은 창업 성공의 핵심 키워드로 자리 잡을 전망이다.

신종 코로나바이러스 감염증(코로나19) 때문에 배달관련업종이 더욱 주목받고 있다. 아무래도 밖에 나가지 못하는 경우가 많다 보니 배달을 통해 식재료나 식사를 해결하는 경우가 많기 때문이다.

하지만 최근 '배달의 민족'이 수수료 제도를 월 8만8천원 정액제 '울트라콜' 중심에서 성사된 주문 1건당 5.8%의 수수료를 부과하는 정률제 기반의 '오픈서비스' 중심으로 개편한다고 밝혔다가 취소한 사건 때문에 큰 논란이 되었다. 새 정률제 서비스는 매출 규모가 클수록 수수료도 늘어나는 구조여서 소상공인들에게 더 큰 부담을 지운다는 논란이 있었다.

특히 배달의 민족에 매출을 많이 기대고 있는 자영업자와 소상공인들에게서 수수료 인상에 대한 우려와 불만이 쏟아져 나왔고, 이에 '배달의 민족을 쓰지 말자'는 움직임도 나타났다.

라. 조닝화 전략, 셀렉트다이닝

부동산에서 조닝은 지역을 분할해 경계를 나누는 것을 말한다. 상권 마케팅에서 조닝은 특정 지역의 경계를 만들고 의도적으로 테마를 부여하는 것이다. 대표적인 것이 '셀렉트 다이닝'이다. 지금까지 외식업은 개별 브랜드를 중심으로 명성이 형성됐다면 지금은 맛집들을 선정해서

---

3) "종잣돈 모아 시작했는데 매출 0원"…시동 끄는 푸드트럭들/데일리안, 임유정
4) 참조 : 조선신문 2017.12.15., 15:39

한 자리에 모아둔 셀렉트 다이닝 자체가 브랜드가 되고 있다.

몇 년 전까지만 해도 주로 대형 몰들이 셀렉트 다이닝을 주도했으나 최근에는 골목길 상권과 도심 재개발 상권의 대형빌딩 등에 약 330㎡(100평), 약 660㎡(200평) 규모의 셀렉트 다이닝 브랜드 출점이 늘어나고 있다. 강남역 '킵유어포크'를 비롯해 을지로 '식탁애행복', 서울역 '빌앤쿡인서울', 시청역 '오버더디쉬', 광화문 '파워플랜트' 등 셀렉트 다이닝 브랜드의 경합은 더욱 치열해질 전망이다.

맛집들을 선정해 한 자리에 모아둔 셀렉트 다이닝 자체가 브랜드가 되고 있다.

그림 3 경리단길 스핀들 마켓. 참조 : 한국창업전략연구소

마. 커뮤니티 업종의 부상

접대는 줄어들고 교제와 친목은 늘어난다. 여기에 새로운 사업 성장 기회가 숨어 있다. 모든 것이 온라인으로 흡수되는 가운데 오프라인의 존재 의미를 과시하는 곳들이 커뮤니티 존이다. 싱글족이 늘어나면서 오프라인 모임 활동은 더욱 활발해지고 있다. 취향이 같은 사람들은 포털사이트의 카페나 SNS는 물론이고 오프라인 모임도 활발히 하면서 친목을 다지고 있으며 이

로 인해 커뮤니티 그룹들은 외식업계의 큰손으로 부상하고 있다.

고기 집이 뜨는 이유 중에 하나도 부담 없는 모임 공간으로서의 가치 때문이다. 육회와 다양한 퓨전 메뉴를 주류와 함께 즐길 수 있는 '육회이야기'같은 주점형 전문음식점은 커뮤니티 음식점의 대표적인 사례다. 파티룸, 치킨호프, 포장마차, 노키즈존, 펫 카페, 전문음식점, 복합문화공간이나 놀이 공간, 공간대여 카페들은 대부분 취향이 같은 사람들을 위한 커뮤니티존의 가치 때문에 더욱 번성할 것이다.

파티룸, 치킨호프, 포장마차, 복합문화공간이나 놀이 공간, 공간대여 카페들은 대부분 취향이 같은 사람들을 위한 커뮤니티존의 가치 때문에 더욱 번성할 것이다.

하지만 커뮤니티 업종 또한 2020년 이후 강타한 신종 코로나바이러스 감염증(코로나19) 여파로 공공기반 문화시설 프로그램은 4배 가까이 줄고 공연장은 9.4배, 복합문화시설은 약 8배 활동 감소를 보였다.

마포문화재단 관계자는 "공공성이 강하기 때문에 '사회적 거리두기' 단계에 더 민감하게 대응한 것으로 보인다"고 설명했다.

특히 파티룸이나 주점의 경우 저녁시간대 이용하는 경우가 많은 만큼 밤 10시 제한 때문에 1팀도 받지 못하고 있다는 게 이들이 이야기하는 실정이다. 또 업자들은 업장 넓이에 따른 인원 제한도 고려해달라고 요청하고 있다.

바. 외식업계에 부는 원 플레이트 트렌드

인건비 인상, 원재료비 절약, 젊은 세대들의 식문화 변화로 잡다한 찬류를 걷어낸 원 플레이트 음식은 이후에도 지속적으로 성장할 전망이다. 베이비붐 세대 은퇴와 함께 외식 시장의 핵심 고객층으로 등장한 젊은 세대들은 햄버거 문화에 익숙해 반찬 따로, 밥 따로를 선호하지 않는다.

넓은 접시에 스테이크, 샐러드, 감자칩이 하나로 담겨 있거나 밥과 고기를 하나로 즐기는 덮밥, 국밥, 면 요리, 도시락 등은 모두 원 플레이트, 즉 일품요리들이다. 원 플레이트 메뉴들은 한 그릇에 필요한 음식을 모두 담고 찬은 최소화한 것이 특징이다.

사. 가성비 업종

서민들의 지갑은 여전히 얇다. 이들을 겨냥한 가성비 업종들은 앞으로도 지속적으로 관심을 모을 전망이다. 닭갈비는 대표적인 가성비 메뉴로 꼽힌다. 대형 철판에 양배추 등 각종 야채와 당면 떡, 치즈, 닭고기를 1인분 7000원대 가격으로 즐기면서 밥과 술을 한 자리에서 해결할 수 있다. '유가네'를 비롯하여 이바돔이 운영하는 '강촌닭갈비','무한계도''일오닭갈비' 등

닭갈비 브랜드가 늘어나는 배경이다.

대표적인 가성비 메뉴 '닭갈비'를 판매하는 '강촌닭갈비'. /5)한국창업전략연구소 제공
▲ 대표적인 가성비 메뉴 '닭갈비'를 판매하는 '강촌닭갈비'. /6)한국창업전략연구소 제공
특히 닭은 세계인들이 보편적으로 즐기는 식품이라 한국을 찾는 중국 일본 동남아 관광객들에게 가장 인기 있는 메뉴로 자리 잡고 있다. 이밖에 1500원대 저가 커피, 3000~4000원대 칼국수, 5000원대 국밥과 도시락, 에스닉푸드 등도 가성비 업종으로 계속 관심을 모을 전망이다.

아. 경험 경제 시대의 체험형 업종

새로운 놀이 문화가 창업 시장을 주도할 전망이다. 원조 놀이업종인 스크린골프장이 꾸준히 인기를 얻는 가운데 스크린야구장, 펫 카페, 스크린 양궁장, 가상체험카페, 코인노래방, 만화 카페 등 체험을 강화한 놀이형 서비스 업종들은 갈수록 늘어날 전망이다.

스크린야구장의 경우 함께 노는 공간이며 코인노래방이나 만화 카페 등은 혼놀족(혼자 노는 사람들)이나 데이트족들에게 인기다. 하지만 일부 놀이형 사업의 경우 투자비가 많이 들고 유행을 탈 우려가 있으므로 사업성을 신중히 검토해서 창업해야 한다.

혼놀족(혼자 노는 사람들)에게 인기인 '스크린 야구장'.
특별한 사치로 여겨지던 에스닉 음식점도 배낭여행, 해외연수 등 해외 경험이 많은 젊은이들 사이에 이국적인 추억을 되살려주는 경험을 느끼게 해준다.

고가 음식으로 여겨지던 태국 베트남 하와이 아프리카 인도 음식점들이 현지에 온 듯한 인테리어에 대중적인 가격으로 고객들을 불러 모으고 있다. 글로벌 시대를 맞아서 에스닉 테마는 경험 경제와 함께 지속적으로 확산될 전망이다.

자. 가사 아웃소싱과 가정간편식

1인 가구와 맞벌이 부부 증가로 가정간편식과 편의점이 지속적으로 성장하고 있다. 편의점들은 '이팅 라운지'를 강화하고 판매하는 음식 종류를 다양화해 김밥이나 도시락은 물론 샐러드, 술안주까지 판매하고 있다.

---

5) 한국창업전략연구소 제공
6) 한국창업전략연구소 제공

서비스도 강화하는 추세다. 택배나 은행업무 외에 24시간 이용 가능한 무인세탁 서비스까지 도입하는 추세다. 이마트24는 신세계그룹과의 연계해 문화공간과 생활공간이 결합된 차별화된 컨셉으로 관심을 모으고 있다.

이마트24는 신세계그룹과의 연계해 문화공간과 생활공간이 결합된 차별화된 컨셉으로 관심을 모으고 있다. /[7]한국창업전략연구소 제공

1인분 배달음식만을 전문으로 하는 배달전문점도 늘어날 전망이다. 1인 삼겹살, 갈비찜, 찌개 등 1인 가구를 위한 다양한 '혼술 세트' 및 '1인분 세트메뉴'가 인기를 얻을 것이다.

반찬전문점과 가정간편식 매장은 '1코노미시대(1인 경제시대)'에 최적화된 업종이다. 프리미엄 가정간편식을 제공하는 셰프찬을 비롯하여 국선생, 배민프레시 등 다양한 브랜드가 경합을 벌이고 있다. 이중 '국선생' '오레시피' '진이찬방' 등은 총투자비 1억 원대 전후의 투자비로 가정간편식 매장을 운영할 수 있는 프랜차이즈 브랜드들이다.

코로나19) 확산이 1년이 넘게 지속되면서 일상 속에 비대면 문화가 보편화되고 있다. 코로나19 장기화에 따라 재택근무를 도입해 유지하고 있는 회사가 늘어나고 있으며, 인력 규모를 조정해 격일 출근과 재택근무를 혼합한 형식의 근로 환경도 증가하는 추세다.

이에 따라 배달앱 뿐 아니라 정기국회에 가사근로자 보호에 관한 법이 상정되며, 플랫폼을 중심으로 한 가사도우미 시장의 확대와 가정간편식 업종 시장 확대도 기대되고 있는 대목이다.

차. 아날로그 감성, 한식은 죽지 않는다.

패스트푸드 및 양식과 달리 한식은 엄마의 마음과 정성이 담긴 음식이라는 이미지가 강하다. 아날로그 감성을 간직한 한식은 계속 진화하면서 젊은 층들을 파고든다.

한식의 인기 배경은 언제든지 가정에서 먹을 수 있는 음식이 아니라 제대로 맛보려면 전문점으로 가야 한다는 인식이 확산되는 것이다. 국밥이나 감자탕, 닭갈비, 칼국수, 불고기 심지어 된장찌개, 김치찌개 등 중장년은 물론 젊은 층에게도 대중적인 사랑을 받는 한식을 집에서 즐길 기회는 점점 줄어들고 있고 이것이 맛있는 한식집을 번성시키는 기회가 되고 있다. 오래된 맛집과 함께 청년창업자들을 중심으로 메뉴를 단순화 전문화한 모던 한식 창업이 늘어날 전망이다.

카. 얼리힐링족 겨냥 릴랙스 힐링 사업

---

7) 한국창업전략연구소 제공

요즘 젊은 층들은 미래를 위해 현재를 희생하지 않는다. 일과 여가의 균형을 추구하는 얼리힐링족들은 일상 속에서 휴식을 취하고 자기 계발에 관심이 많으며 체험과 서비스를 선호한다.

식물을 테마로 한 카페나 식물 스튜디오, 꽃 정기 배달사업, 온실 레스토랑, 수면 카페, 마사지 카페, 성인 피아노 학원이나 피아노 카페, 게스트 하우스 등은 모두 얼리힐링족을 타깃으로 하는 사업들이다.

얼리힐링족들은 새로운 경험을 할 수 있는 팩토리 레스토랑이나 새로운 맛집에도 관심이 많으며 도심보다는 새로운 라이프스타일을 체험할 수 있는 골목길 상권을 선호하는 경향을 보인다.

타. 블러 현상과 공간 공유

고객이 원한다면 어떠한 경계도 파괴할 수 있는 블러 시대가 됐다. 블러(blur)란 경계가 희미해지는 것을 말한다. 떡볶이와 커피, 서점과 술집, PC카페와 당구장, 플라워 숍과 바, 한식과 이탈리안 파스타를 결합한 한옥카페, 과일가게 카테일바 등 경계가 분명했던 이질적인 업종들이 하나의 공간을 공유하면서 새로운 컨셉의 업태로 재탄생하는 사례가 갈수록 늘어날 전망이다.

1인 기업가들이 늘어나면서 공간 공유형 사무실 카페나 공동 오피스가 뜨고 있으며, 프리미엄 독서실이나 독서실형 카페 역시 창업 아이템으로 인기를 얻고 있다.

파. 그린 & 건강

좀 더 자연에 가까이 다가가는 그린 테마는 새로운 성장 기회를 제공하며 익숙한 사업을 재탄생시키는 원동력으로 자리 잡고 있다. 성숙기 사업자들에게 그린 테마는 차별화의 무기로, 소비자들에게는 착한상품으로 지지를 받고 있다.

동물복지 닭과 무항생제 닭을 사용해 치킨을 만드는 '자담치킨'의 경우 치킨 시장에서 급성장하는 브랜드로 주목받고 있다. 만만치 않은 치킨 가격에도 불구하고 높은 고객 충성도와 가맹점 결속을 끌어내는 비결은 자연에 더 가까운 그린과 건강 테마가 젊은 엄마들에게 어필한 덕분이다.
동물복지 닭과 무항생제 닭을 사용해 치킨을 만드는 '자담치킨'의 경우 치킨 시장에서 급성장하는 브랜드로 주목받고 있다. [8] 한국창업전략연구소 제공

식용유 산가를 1.0이하로 정해서 18리터 식용유 한 통으로 58마리의 닭만 튀기는 '바른 치킨'이나 60마리를 튀기는 '60계' 등도 그린테마로 부상하는 치킨 브랜드들이다. 죽 전문 프랜차

---

8) 한국창업전략연구소 제공

이즈 '죽이 야기'는 콘셉트를 '음식이 약이다'라는 슬로건으로 '자연과 건강'을 강조하는 '그린 카페'를 표방하고 있다. 그 밖에 다양한 분야에서 그린과 건강테마를 내세운 신업종들이 기존 사업자들을 위협할 전망이다.

하. 핸드메이드

그림 4 핸드메이드 어플 아이디어스.

백팩커(대표 김동환)의 '아이디어스'는 수공예품 작가들을 위한 핸드메이드 전문 커머스 앱이다. 구두, 주얼리 등의 패션 액세서리부터 간단한 라이프스타일 제품, 디저트, 반찬 등 먹거리까지 다양한 제품이 판매되고 있다.

2014년 첫 선을 보인 뒤 4년 만에 누적 다운로드 335만건, 누적 거래액은 지난해 480억 원을 돌파했으며 지난달(3월) 거래액만 40억 원에 달한다. 작게만 느껴졌던 핸드메이드를 하나의 시장으로 성장시킨 주인공이다.

'아이디어스'의 쾌속 성장에 자본 시장의 러브콜도 이어지고 있다. 백팩커는 엔젤투자법인 '프라이머'의 첫 투자를 시작으로 알토스벤처스, 대교, 카카오 등의 기업에서 총 50억원의 투자를 유치했다. 모두 업계에서는 내로라하는 투자자들로 '아이디어스'의 성장세와 가능성을 높이 평가했다.

'아이디어스'의 성장에는 무엇보다 핸드메이드라는 특수한 시장에 맞춘 '편리한 서비스'에 있다. 여느 스타트업처럼 '아이디어스'는 스마트폰 앱 기반이다. 이는 1인 기업의 형태가 대다수인 핸드메이드 작가들의 제작, 판매 환경에 맞춘 것이다. 제품을 제작하는데 하루의 대부분을 소진해야 하는 작가들이 컴퓨터 앞에 앉아 제품을 등록하고, 관리하는 번거로움을 해소하고자 했다.

김동환 백팩커 대표는 "서비스를 시작할 때 가장 중점을 둔 것이 '판매의 장벽을 허물자'라는 것이다. '아이디어스'는 제품을 등록할 수 있고 앱을 통해 고객과 실시간으로 소통할 수 있는 편리한 판매자용 어드민(admin)이 핵심이다"라고 설명했다.

'아이디어스'에 입점한 작가들은 그 수입도 눈에 띈다. 상위 33%가 '아이디어스'에서 올리는 매출이 평균 5400만원에 달하며 상위 5%는 2억2000만원 수준으로 여느 브랜드도 부럽지 않은 매출을 올리고 있다.

작가들이 '아이디어스'를 찾는 또 다른 이유는 판매에 따른 수수료 등의 부담이 적기 때문. '아이디어스'는 22%의 수수료 모델과 월 5만원의 월정액제에 소량의 판매수수료가 추가되는 2개 모델로 운영 중이다. 작가들은 자신의 판매 환경에 따라 선택해 판매할 수 있다. 1년 내내 판매가 이어지는 작가는 정액제를 선택해 수수료 부담을 덜 수 있고 취미로 활동하는 작가들의 경우에는 판매 수수료를 선택하는 경우가 많다.

'아이디어스'는 기존의 이커머스와는 다르게 쇼핑몰 MD가 차지하는 비중이 매우 적다. 홈 화면에 표시되는 기획전, 추천 작가를 제외하면 실시간 구매나 구매후기같은 소비자 중심의 콘텐츠가 주를 이룬다. 이후에는 개인화, 자동화 시스템으로 발전시킬 계획이다.
여기에 작가와 소비자들이 소통할 수 있는 SNS 서비스도 포함했다. 작가들의 일상을 보여주거나 신제품 등이 업로드된다. 작가와의 소통을 중시하는 핸드메이드 제품의 특성을 잘 살린 '아이디어스'만의 차별점이다.

거. 디저트 사업

디저트가 여성이 사업하기 좋은 사업아이템으로 인기를 얻고 있다. 식문화의 트렌드가 젊고 트렌디한 감각으로 변화하면서 카페가 복합적인 문화공간으로 거듭난 결과다. 특히 젊은 여성 세대들은 밥집보다 세련된 카페를 이용하는 횟수가 더 많아 카페에 친숙한 20·30세대 여성들을 겨냥한 다양한 창업아이템이 생겨나고 있다.
커피나 디저트 등 기호식품이 인기를 끌면서 시장에도 변화가 나타났다. 여성 예비 창업자들 사이에선 인기창업으로 커피나 디저트를 취급하는 업종이 크게 두각을 보이고 있다. 유행에 치우친 아이템은 불안정한 수익으로 부정적인 영향을 주지만 이와 반대로 디저트 사업아이템은 계절의 영향을 받지 않는 스테디셀러로 각광 받고 있다.

요즘 젊은 세대들은 조각케이크, 마카롱, 브레드등 특별한 디저트, 혹은 지인에게 특별한 디저트를 선물하는 것을 다수 많다. 이처럼 sns에 소문이 나고 사람들이 많이 찾게 된다.
개인클래스도 창업반이 생기는 만큼 청년들이 많이 추구하고 있는 사업이다.

그림 5 핸드메이드 케이크(이파슈 케이크)

그림 6 디저트 - 마카롱

너. 플리마켓

플리마켓(Flea Market)은 '벼룩시장'이라는 뜻을 가지고 있습니다. 플리마켓은 처음에는 사용하지 않는 물건을 다른 사람에게 판매하던 것에 그쳤지만, 요즘의 플리마켓은 소통의장으로 변해가고 있다고 합니다.
최근 프리마켓은 물건을 사고파는 공간 그 이상을 넘어 소통하는 공간으로 인식되고 있습니다.
특히 유행에 민감하고 유행을 선도하는 젊은 사람들 사이에 더욱더 큰 소통의 장이 되고 있는데요.
단순히 쇼핑을 하는 것이 아니라 나를 알리고 함께 만들어가는 공간이 되어버린 것이죠.

예전에 프리마켓, 그러니까 벼룩시장은 아나바다 운동과 같은 아껴쓰고 다시 쓰는 중고물품 헌옷 값싼 물건 등을 파는 곳이라는
부분으로 인식되었었다면 지금의 프리마켓은 질 좋은 핸드메이드 제품을 구매할 수 있고
나를 표현하고 알리며 즐거움이 있는 복합적인 쇼핑 공간으로 변모되었다고 해도 과언이 아닙니다.
처음에는 홍보와 이벤트성으로 시작해 점점 더 진화된 모습과 형태를 구축해가고 있습니다.

그림 7 플리마켓

특히 플리마켓을 알리고 소통하는 수단이 트위터 블로그 등 다양한 SNS를 통해
인터넷에서 활발하게 이뤄진다는 점이 눈여겨 볼만 한데요.
주로 10대에서 20대 더 나아가 30대까지 젊은 층을 상대로
이러한 붐이 더욱 확산되는 모습입니다.

또 다양한 상품들을 한 자리에서 만나 볼 수 있다는 것도 플리마켓의 장점중 하나인데요.
중고물품을 넘어서 누구나 가지고 있는 물건이 아닌 특별한 핸드메이드 제품.
디자이너의 땀이 고스란히 느껴지는 창작물.
오래된 빈티지 제품부터 고가의 제품을 저렴한 가격에 만나볼수 있다는 것과 물품의 종류도
정말 다양하다는 것.
의류나 액세서리 가구 더 나아가 플라워제품이나 디저트제품 등 다양한 먹거리 까지 정말 다
양한 물품들을 보고 있으면
지갑을 다 털고 싶을 만큼 구매욕구가 생기게 되는데요.
넋 놓고 있다가는 내 손에 들린 어마어마한 양의 물건들을 보게 될 수도 있습니다.

그림 8 플리마켓

플리마켓의 또 하나의 매력은 소비자였던 내가 판매자(Seller)가 될 수 있다는 점입니다.
누구나 셀러가 될 수 있으며 누구나 소비자가 될 수 있고 물건을 사러왔다가 셀러와 친구도
될 수 있습니다.
또 다양한 아티스트의 공연도 활발하게 이뤄지고 있어 문화공간으로써의 모습도 보여주고 있
습니다.

03

소자본으로 할 수 있는
사업아이템

3. 소자본으로 할 수 있는 사업아이템

가. 창업의 전망

1) 소자본 기술 창업 아이템

최근 예비창업자들의 관심이 소자본 기술 창업 아이템에 집중되고 있다. 기술형 창업아이템의 경우 일반 프랜차이즈 창업과 다르게 오랜 기간 안정적으로 운영할 수 있다는 측면에서 후한 점수를 받고 있는 것.

고정 지출비용이 적을 뿐만 아니라 점포 크기도 작아 초기 투자비용이 저렴하다는 점도 소자본 창업자들의 관심을 끄는데 한 몫하고 있다. 매출이 높지 않아도 높은 수익을 가져갈 수 있는 1인 창업 아이템이다 보니 더욱 각광받는 추세다.

토탈 생활 기술서비스 '핸디페어'는 전국 가맹점 480여개를 확보하고 있는 기술 창업 아이템이다. 유행이나 경기에 상관없이 운영할 수 있는 새로운 개념의 기술 집약형 소자본 창업이다. 일반적인 보수, 수리 외에 클리닝 서비스, 에어컨, 세탁기 청소 등 매출을 올릴 수 있는 다양한 서비스를 제공하기 때문에 비수가가 없는 연중 사업 아이템이라는 평가를 받는다.

주택가 골목에도 개설이 가능하다. 점포 구입비용 및 임차료 부분에 있어서 창업자의 고민을 줄였다는 장점이 돋보인다. 점포임대료를 제외하고 2500만원이면 창업할 수 있다.

교육은 이론부터 마케팅, 매뉴얼 교육, 현장 실습까지 체계적으로 이뤄진다. 본사가 제공하는 기술 및 운영교육과 지속적인 기술 감독을 받는 등 기술 초보자라도 손쉽게 창업이 가능하도록 지원받을 수 있다.

핸디페어의 가맹점주가 되면 해당 상권을 부여받고 영업할 수 있다. 교육 이수 후에도 기술 바이저를 통해 주기적으로 기술지원이 이루어지게 된다. 가맹점주들의 지속적인 경쟁력 향상을 위해 가맹점 역량강화 교육도 실시한다.

가맹 점주는 주로 집이나 상가, 오피스 등 생활에 필요한 간단한 수리에서부터 도배, 목공, 수리, 보수, 청소, 방역 황토건축, 인테리어, 리모델링까지 일상생활의 곤란한 일들을 해결해 주는 역할을 한다. 합리적인 가격 및 양질의 서비스를 제공해 바쁘게 살아가는 현대인들에게 큰 호응을 얻고 있다.

김주원 핸디페어 대표는 "건축 시공에서 유지 보수까지 저렴한 가격으로 한 번에 해결할 수 있는 장점 덕에 요즘 같은 불황기에도 핸디페어를 찾는 예비창업자들의 수가 증가하고 있다"며 "가맹점주들이 서로 전문 분야 기술력을 공유하는 '기술 품앗이' 모델을 무기삼아 1인 기술

창업의 대표적인 성공 브랜드로 키우겠다"고 말했다.[9]

가) 디저트 카페

와플과 젤라또 아이스크림과 커피를 주력 상품으로 커피전문점과 기존의 패스트푸드점의 식상함을 벗어나 젊은 여성들을 타겟으로 새로이 등장한 요식업종. 부담스럽지 않게 식사를 대신할 수 있는 메뉴로 커피전문점과 패스트푸드점의 장점을 동시에 갖추고 있다.

디져트카페 창업 시 가장 고려해야할 사항은 유동인구가 많은 상권의 입지이다. 디져트카페라는 특정한 트렌디한 이미지가 강하고 주 고객이 젊은 여성들이다 보니 대형 상가권이나 대학로 인구밀집지역 등으로 상가를 계약하는 것이 관건이다.

그림 9 디저트 카페

A급 상권에 큰 평수를 생각할 경우 3억 정도를 예상하지만 업종의 특성상 생계형 창업이 가능하므로 변두리건 상권에 학생들을 타깃으로 할 경우 소규모 점포와 메뉴를 개인적으로 개발하다면 3천만 원 내외에도 가능하다.

---

9) 블로그 참조 https://cafe.naver.com/changuplist/1340

나) 인터넷 쇼핑몰

현재 웹상에 수없이 많은 쇼핑몰이 오픈하고 문을 닫기를 반복하지만 온라인에서처럼 사업의 감각이 있는 사람은 얼마든지 인터넷쇼핑몰을 로 큰 수익을 만들어 낼 수 있다. 더군다나 소자본, 1인 창업이 가능하다는 큰 메리트가 있다.

요즘은 기업들의 제휴마켓팅으로 호스팅 비용이나 물건대금 없이 운영할 수 있는 무료쇼핑몰이 넘쳐난다.(아래 따로 소개) 홍보나 마케팅에 능력이 있는 사람은 여전히 한 푼도 투자하지 않고도 월 1000만 원 이상씩 고소득을 올리고 있는 사람이 많다.

또한 개인블로그나 SNS통해 판매를 하여 소득을 올리고 있다.
핸드메이드 어플이 나올 정도로 인터넷 판매가 많아지고 있는 추세이다.

그림 10 인터넷 쇼핑몰

 쇼핑몰도 아이템에 따라 비용이 다르지만 평균적인 비용을 보면 호스팅비용 상품비용, 기타 비용 등을 계산하면 500만 원 정도가 책정된다.
하지만 요즘엔 상품에 따라 비용에 달라서 더 저렴하게 할 수도 있다.

다) 자판기 창업

오래전부터 시작됐던 소규모자본 창업중 하나이지만 여전히 메리트가 있다. 기존의 자판기 말고도 수없이 많은 아이디어 자판기가 쏟아져 나오고 있고 그중 경쟁력이 있다고 생각되는 아이템을 잘 선택하면 대기업 부장급 연봉은 쉽게 넘어설 수 있다.

보통 접근하기가 어렵다고 생각하는데 자판기 회사에서 어느 정도 입지 선정도 해주고 뒷받침을 해주기 때문에 큰 어려움은 없다. 다만 본인이 얼마나 부지런히 관리 할 수 있고 새로운 영업위치를 찾아내느냐에 따라서 수입은 상당부분 up시킬 수 있다.

요즘엔 '인생사진'처럼 간단하게 친구, 연인들과 사진찍을수 있는 기계나, 인형 뽑기 등 젊은 세대들이 즐겨하고 있다.

그림 11 자판기 사업. '인생네컷'

자판기 창업은 자판기 종류가 워낙 다양해서 비용 산출이 좀 애매한데 구입하지 않아도 대여 해서도 사업이 가능하므로 업체 측과 잘 조율하면 1천만 원 안쪽에서도 가능하다. 처음엔 적은 숫자로 운영하다 시간이 지나면서 늘려가는 사례가 많다.

라) 피부 관리샵

기존의 여성들의 전유물이었던 피부 관리가 라이프 스타일의 변화에 의해 전 연령층에 퍼지면서 남성 마켓팅이나 실버 마켓팅까지의 시장을 장악해 나가고 있다.
제모, 여드름, 바디, 웨딩등 범위가 넓어지면서 확산되고 있다.
또한 남성들 또한 요즘에 제모에 관심이 많아지면서 관리시스템에 투자를 많이 하는 편이다.

뷰티산업 자체가 고부가가치 산업이고 프랜차이즈사업도 활발하게 진행되고 있어 여성들에게는 선택하기 좋은 업종 중에 하나. 피부자체가 미의 기준중 하나가 됨으로써 피부 관리 전문샵의 창업 성공도는 점점 더 늘어나는 추세이다
.

그림 12 소자본으로 할 수 있는 피부 관리샵

프랜차이즈 기준. 평배드 8개 30평 기준으로 8천에서 1억 예상. 규모를 줄여서 상권을 잡고 개인이 운영할시 5천만 원 정도면 충분히 운영가능하다.
요즘에는 프랜차이즈보다는 개인이 운영하여 1:1 관리시스템이 많아져 고객들도 더 만족해하는 추세이다.

마) 네일아트샵

네일아트는 피부샵과 비슷하게 다양한 연령층의 여성들에게 큰 인기를 끌뿐 아니라 최근에는 남성에게도 큰 관심을 받고 있다.
네일아트샵은 다른 창업에 비하여 소규모창업이 가능하기에 소자본 창업으로도 높은 인기를 끌고 있다.
네일아트샵 전문 프랜차이즈들은 창업자들을 위하여 전문적인 상권분석 시스템, 매장관리 시스템, 교육지원등 네일샵 운영에 필요한 프로그램을 구축해 운영하고 있다.

그림 13 소자본으로 할 수 있는 네일아트샵

바) 아토피 전문샵

아토피관련 산업은 어느 쪽이나 다 창업의 돌파구가 크다. 아토피 관련 창업은 오프라인이나 온라인 다 가능하고, 아토피로 고생하는 아이들이 늘어나면서 아토피 전문한의원이나 아토피 병원도 늘어나는 추세이다.

아토피라는 병이 쉽사리 낫는 병이 아니고 오랜 기간 지속된 치료를 요구하므로 사업적인 메리트는 상당히 큰 편이다. 세심한 관리와 지속적인 관심을 요하는 대신 거기에 따른 보상이 충분히 주어지는 산업중 하나이고 출산 경험의 주부들의 경우 더욱 손쉽게 다가갈 수 있는 장점이 있다.

그림 14 소자본으로 할 수 있는 창업아이템 아토피 전문샵

온라인 창업은 기존의 쇼핑몰들과 같은 비용이라고 생각하면 된다. 몇 백만 원 선에서 쇼핑몰 창업은 준비할 수있고 온라인의 경우도 점포 가격만 잘 조정한다면 큰 비용은 들어가지 않는다. 평균소용비용 3천만원정도 든다.

사) 어린이 공부방

사교육이 절정을 이루면서 비용측면에서 부담이 되는 저소득은 가정들은 비용 면에서 훨씬 더 저렴한 공부방을 선택할 수밖에 없는 현실이다.
창업 시 비용의 부담이 가장 적으며 창업자 혼자서도 얼마든지 운영할 수 있는 여건이 되기 때문에 아이들에게 세심한 관심만 기울인다면 소규모 학원정도의 소득도 기대해 볼 수 있다.

아주 큰 소득을 기대하긴 어렵지만 아이들을 잘 가르친다는 소문난 나면 매월 안정적인 소득을 기대할 수 있고 접근성이 용이하다.

그림 15 어린이 공부방

요즘은 온라인으로도 공부방을 운영하지만 기존에 오프라인 공부방은 프랜차이즈를 활용해도 300만원선정도면 충분하다. 브랜드밸류가 조금 낮은 업체는 100만 원 선에서도 세팅이 가능하다.

아) 무점포 사업[10]

(1) 무점포 사업이란?

한마디로 점포가 없는 사업을 일러 무점포사업이라고 한다. 대표적인 무점포 사업에는 시터파견사업, 음식배달사업, 자판기사업, 애견방문 서비스업, 화장실유지관리업, 청소서비스대행업, 잉크충전방등이 있다.

(2) 무점포 사업의 특징

- 점포를 얻지않아도 되기 때문에 임대료, 권리금, 시설비가 따로 들지 않아 최소 자본으로 창업이 가능하다.
- 정보나 지식, 독특하고 창의적인 아이디어와 기술력, 용역 제공 서비스 등을 활용하여 사업을 전개해 나갈 수 있다.
- 취급품목의 전환이 쉽고 현금유동성이 활발하다.
- 고정된 점포나 별도의 사무실을 구하지 않더라도 사업화가 가능해 고객의 신뢰도를 확보할

---

10) 블로그 리빌드

수 있다.
- 시장의 환경변화에 따라 얼마든지 카멜레온 식의 사업전개가 용이하여 무엇보다 발 빠른 기동성으로 상황대처가 용이하다.

(3) 무점포 창업절차

(가) 시장조사 및 사업아이템 선정

아이템 타당성 분석의 4대요소(상품성, 시장성, 수익성, 안정성)에 따라 나에게 꼭 맞는 아이템을 선정해야한다.

1. 정보수집	2. 현장방문	3. 아이템 선정
- 창업 및 유망아이템에 대한정보를 수집 - 관심아이템 3-5가지 축약	- 선정한 아이템에 대한 상품성, 시장성, 수익성, 안정성 등에 대하여 심층 분석 - 실제 동종업종이나 비슷한 업종의 종사자를 직접 방문하고 인터뷰	내게 꼭 맞는 최적 아이템 발굴

표 1 시장조사 및 사업아이템 선정

(나) 사업타당성 분석

투자비용 대비 수익률을 분석하고 사업타당성의 손익분기점을 미리 가늠하는 과정으로 이를 토대로 창업 여부를 결정할 수 있다.

창업자의 사업수행 능력, 시장성 분석, 기술성 분석, 수익성분석(경제성 분석 포함), 자금수지 및 성장성 분석, 위험요소 분석등을 토대로 결정할 수 있다.

(다) 사업계획서 작성

성공적인 창업을 위해 사업목표와 사업내용 분석을 근거로 구체적이고 객관적인 시각으로 사업계획서를 작성해야한다. 사업계획서에는 반드시 사업개요, 시장현황, 경쟁상황 분석, 마케팅 및 판매계획, 인원 및 조직계획, 재무, 자금계획, 사업추진일정계획 등이 주요 내용으로 포함이 되어야 한다.

(라) 업종 인허가 절차

창업 업종이 인·허가 또는 신고대상 업종인지, 별도 허가절차가 필요하지 않는 업종인지 사전
검토하여 해당되는 것에 인·허가 신청을 하면 된다.

1. 허가신청	2. 서류검토 및 현장실사(시설기준 적합성점검)	3. 허가여부 결정
사업장 관할 시·군·구청(민원봉사실)	사업장 관할시·군·구청	처리기간 : 신청일로부터 약 5일 소요

표 2 업종 인허가 절차

(마) 사업자등록증 발급

인·허가가 필요한 업종의 경우는 개별법에 의거, 자격요건을 가주어 해당관청에 사업인, 허가
를 받은 후에 관할세무서(민원봉사실)에 사업자등록을 신청하면 된다.
인·허가를 받을 필요가 없는 업종의 경우라면 사업개시일로부터 20일 이내에 관할세무서(민원
봉사실)에 사업자등록을 신청하면 된다.

(4) 무점포 창업 핵심전략

(가) 수요가 명확한 업종을 선택하라

그림 16 무점포 창업

아무리 좋은 아이템이어도 수익모델에서 가치가 없거나 유행아이템에서 단기로 멈출 공산이 크다면 사업의 걸림돌이 되는 문제가 일으킬 수 있으니 조심해야한다.
수요가 명확하게 보이는 업종을 선택하는 것이 좋다.

(나) 기술을 이용한 무점포 창업

그림 17 무창포 창업2

마땅한 아이템이 없거나 자본금(투자비용)이 턱없이 부족한 입장이라면 청소, 컴퓨터, 외식등과 같이 소정의 기술습득을 통한 창업에 도전하는 것도 한 방법이다.

그림 18 무창포 창업3

(다) 기동성을 이용한 핵심전략

기동성을 이용하면 다양한 고객에게 접근할 수 있다. 적극적인 홍보활동을 통해 수익을 창출할 수 있다.
무점포 창업의 쓸모와 매력은 사업자를 고려하지 않아도 된다는 것이다.
지속적이 반복적이어야 하며, 홍보 마케팅을 통해 고객 창출에 정성을 다해야한다.

(라) 신용이 무점포 사업의 생명줄

그림 19 무창포 창업4

사업장 소재지가 분명치 않은 만큼 소비자들에게 믿음을 심어주기가 어렵다는 것이 무점포 사업의 약점이기도 하다.

약점을 극복하기 위해서는 고객관계관리, A/S, 현수막 등을 이용한 접근이 필요하다.
필요하다면 소비자들과 약속하고 대화할 수 있는 모바일 비즈니스를 적극 활용할 만하다.

나. 코로나19 이후 창업의 전망

신종코로나바이러스감염증(이하 코로나19) 확산은 폭발적이었다. 경제 활동 하기엔 더할 나위 없을 정도로 부정적인 상황이었다. 국내 창업시장은 '새 틀 짜기'에 들어간 형국이다. 코로나가 즐거운 가게도 있지만, 문 닫는 가게도 계속 늘어나고 있다. 상권에 따라 희비가 엇갈리는 측면도 있다. 폐업점포가 늘어가는 것은 또 다른 개업점포와 연결된다. 간판을 바꾸고 업종전환을 서두르는 가게들도 눈에 띈다. 현재 아이템으로 코로나 시대를 버티는 데는 한계가 있다고 판단하는 가게들이다. 코로나 시대는 자영업 구조조정의 신호탄이라는 시각도 있다.

하지만 '새로이' 시작하는 사람들이 있었다. 인-허가 받아 가게를 열고, 창업을 했다. 코로나19 확진자 수가 말 그대로 폭증했던 2020년 2월과 3월 서울서 인허가를 받아 개업했고, 영업상태가 '영업/정상'으로 분류된 생활밀착업종 업체는 합계 1만 5336개였다. 1년 전인 2019년 2~3월엔 1만 3226개 업체가 문을 열었다. 2110개가 늘었다.

서울 생활밀착업종 69개* 개업/ 폐업** 업체 수 (단위 : 개)

	개업	폐업
2019년 2~3월	13,226	7,375
2020년 2~3월	15,336	7,094
증감	2,110	-281
증감률	16%	-3.8%

* 업종 선정은 행안부 LOCAL DATA(191개 업종)를 1차 기준으로 했다. 서울시 (103개)와 신한카드 매출데이터(63개) 자료를 준용했다. 자세한 내용은 기사 하단 <어떻게 취재하고 분석했나 Q&A> 참조

이는 '지난해와 비교해 개업이 줄어 마이너스(-)로 집계한 업체 수까지 포함한 개업 증가 수치다. 플러스가 마이너스를 상쇄하고도 2000개 이상 증가했단 의미다. 폐업 업체 수는 줄었다. 지난해 7375개에서 올해 7094개로 281개, 3.8%가 감소했다.

개업 늘어난 업종

순위	개업 늘어난 업종	증가 업체 수	증가율
1	통신판매업	2,106개	38.2%
2	즉석판매제조가공업	171개	8.9%
3	의료기기판매(임대)업	132개	35.8%
4	방문판매업	128개	125.5%
5	비디오물제작업	70개	89.7%

그림 21 개업 늘어난 업종/ 행안부 Local data& 신한카드매출데이터

개업 줄어든 업종

순위	개업 줄어든 업종	감소 업체 수	감소율
1	휴게음식점	153개	-13.9%
2	미용업	103개	-17.1%
3	국외여행업	29개	-42.6%
4	인터넷 게임시설 제공업	28개	-46.7%
5	안전 상비의약품 판매업소	27개	-14.5%

그림 22 개업 줄어든 업종/ 행안부 Local data& 신한카드매출데이터

600만 소상공인들의 꿈도 달라지고 있다. 부자 되고 싶다고 자영업을 벌여 부자가 될 수 있는 생태계가 아니기 때문이다. 창업자가 건강하고 행복한 실속창업, 큰 부자는 아닐지라도 내가 하고 싶은 일을 하면서 지속 가능한 '소확행 창업'에 주목할 수밖에 없다.

운치 있는 골목 안쪽의 앙증맞은 작은 가게가 더 큰 뉴스거리다. 원도심의 골목상권을 찾아다니는 신세대 마니아 소비자들이 최근 늘고 있다. 80년대 스타일의 복고 아이템이 다시 부상하기도 한다. '뉴트로' 감성과 연계되어 전국에 500개가 넘게 오픈한 이마트, 롯데마트, 홈플러스 같은 대형마트와 대형 쇼핑몰 소비에 대한 반등작용으로 보이기도 한다.

그 와중 '코로나19'에 창업자들은 당황할 수밖에 없는 상황에 처했으며 결국 창업자들의 삶과 인생도 코로나 시대에 맞게 새 틀을 만들지 않으면 생존하기 힘들 수 있다는 위기경보까지 켜졌다.

1) 소확행 창업[11]

소확행 창업은 다점포 출점을 지향하는 얄팍한 프랜차이즈 가맹점과는 거리가 멀다. 소확행 창업의 첫 단추는 나만의 상호를 거는 독립창업 스타일의 작은 가게 창업이다. 투자금액 또한 지금까지는 1억원 창업이 많았던 반면, 5000만원 내외의 소자본 창업자가 늘 것으로 보인다. 점포 규모 또한 10평 내외의 소점포 창업 형태가 지배적인 콘셉트다.

결국 소확행 창업의 가장 중요한 조건은 반짝 유행하는 아이템보다는 오랫동안 지속 가능한 장수 창업 콘셉트라고 볼 수 있다. 영업일수 측면에서도 창업자의 행복지수를 위해 1주일에 하루는 꿀맛 같은 휴일을 가져야 한다. 창업자의 재충전 없는 건강지수 높이기는 불가능하기 때문이다.

소확행 아이템은 천차만별, 부지기수다. 외식업 중에서는 식사류와 딱 한 잔 콘셉트에 주목할 필요가 있다. 동시에 서울 을지로 골목에서 인산인해를 이루고 있는 복고풍 주점 콘셉트는 당분간 많이 생겨날 가능성이 크다. 판매업 아이템 중에서는 온라인 매출로 연계할 수 있는 슬로푸드 아이템에 주목할 필요가 있다. 식품 제조·가공을 기반으로 한 O2O 유통 아이템이다. 아날로그 푸드인 저장발효식품, 장류 아이템, 즉석 반찬류 제조·판매 시장도 확대될 전망이다.

자영업 구조조정기를 거치고 난 후, 포스트 코로나 시대의 창업법 실체와 가치에 주목할 필요가 있다. 작은 가게라도 나만의 경쟁력이 있는 시장 노하우와 경쟁력을 갖춘 사람만이 생존할 수 있다는 얘기다. 또한 큰돈을 버는 것이 절대 목표는 아닌 시대로 치닫고 있다. 창업자인 내가 즐겁고 재밌고 의미 있는 지속 가능한 창업시장의 도래를 예측할 수 있다. 덩달아 일로서의 창업 시대, 두 번째 잡(Job)으로서의 창업시장은 활짝 열릴 것으로 보인다.

소확행 창업시장은 제대로 된 핵심기술을 배워 차근차근 준비하고 오픈하는 창업시장이기에 정부에서도 소확행 창업교육장 같은 인프라 구축이 시급하다. 동시에 소확행 창업은 온·오프라인을 겸비한 컨버전스 창업시장이므로 창업자 역시 온라인 시장에서 나만의 콘텐츠를 개발하고 서비스할 수 있는 역량 갖추기에 치중해야 한다. 작은 가게일수록 디테일 경쟁력에 강해야 한다는 사실도 잊어선 안 된다. [12]

---

11) 블로그 리빌드
12) 코로나 시대, '소확행 창업'에 주목하라/ 시사저널

이처럼 장기불황 시대에는 매출의 다각화가 필수다. 2020년에는 배달 전문점들이 많이 생겼고 이번년도에는 메뉴 경쟁력이 있는 몇몇 브랜드를 제외한 각 브랜드가 치열한 경쟁을 할 것으로 예상된다. 이 때문에 배달 영업과 홀 판매 영업이 적절히 균형을 이뤄서 매출을 안정적으로 낼 수 있는 업종이 유리할 것으로 보인다.

앞으로 품질과 가격을 동시에 만족시키고, **피보팅**을 통해 작은 차이를 끊임없이 내놓는 업종도 성장할 것이다. 따라서 빠른 트렌드 변화에 대응할 수 있는 전략이 요구된다.

2) 피보팅[13]

서울대 '소비트렌드분석센터'에 따르면 코로나19의 시대에 개인, 기업, 정부가 반드시 실천해야 할 혁신의 방향성은 '피보팅'이다. 모호하고 불확실한 위기 상황 아래 순발력 있게 대처하는 즉각적 혁신이 필요한 순간인 것이다.

피봇(pivot)의 사전적 의미는 '물건의 중심을 잡아주는 축'이라는 뜻이다. 최근 스타트업에서는 피보팅이란 단어를 일종의 성공공식으로 사용하고 있다. 비교적 몸집이 가벼운 스타트업의 경우에는 시장과 소비자의 변화에 따라 자사가 보유한 자산을 바탕으로 신속하게 사업을 전환하는 것이 용이하기 때문이다. 글로벌 기업은 물론, 한국의 수많은 회사들이 성공적인 피보팅으로 지금의 성과를 이뤘다.

특히 코로나19로 극심한 타격을 받은 업종은 피보팅의 성공 여부에 기업 생존이 달려 있다. 예컨대 팬데믹으로 직격탄을 맞은 전 세계 항공업계가 줄줄이 최악의 실적을 내놓는 가운데, 국내 항공사는 여객선을 화물운송기로 개조하는 피보팅 전략을 선보인다. 여행객 감소로 어려움을 겪고 있는 호텔업계도 숙박을 위해 공간을 새로운 용도로 피보팅한다. 재택근무를 하는 직장인들에게 내어주는 '오피스룸으로', 각종 운동시설이 설치된 '헬스장'으로, 장난감과 아동용품이 가득한 '키즈 카페'로 객실을 피보팅하며 신규 수요를 창출한다.

피보팅을 신규 시장으로 진출하기 위한 교두보로 활용하는 경우도 있다. 호텔에서 제공되는 침구류, 타월, 가운 등을 상품화해 이를 단독으로 판매하며 홈스타일링 시장에 진출하는 시도도 눈에 띈다. 호텔 내 유명 식당에서는 도시락 사업을 확장해 근처 사무실에 직접 배달하는 서비스도 인상적이다. 한시적으로나마 내국인 대상으로 제품을 판매할 수 있게 된 면세점 업계에서는 온라인 쇼핑몰을 운영하며 노하우를 축적한다. 국내 PC방 역시 객장 내 매출이 감소하자 매장에서 판매하던 각종 음식을 배달대행업체와 제휴해 배달하는 '배달음식전문점'으로 피보팅하고 있다.

---

13) 코로나19 시대의 생존전략, '피보팅하라'

3) 클리닝, 소독방역사업[14]

코로나 19가 발생하기 전까지 큰 빛을 못 보던 방역소독업체들과 실내 환경 서비스업체들이 급부상하는 중이다. 확진자가 다녀간 영업장의 경우 일단 폐쇄한 뒤 방역을 해야 하기 때문이다. 이로 인해 민간 및 공기관 등의 수요가 급증한데다가 그동안 수요가 적었던 개인 방역 문의도 더해 평소 매출보다 40~50%가 늘었다는 후문이다. 이들 방역 및 소독 업체들이 대부분 바이러스 살균 소독 이외에 새집증후군이나 곰팡이, 해충 서비스도 함께 운영하고 있어 코로나19 사태가 진정된 이후에도 수요는 당분간 계속될 것이라 전망하고 있다.

방역소독사업을 하기 위해서는 아래 기준을 갖추어야 한다.

1. 인력: 대표자 외 소독 업무 종사자가 1명 이상

2. 시설: 사무실 및 사무실과 구획된 창고(사무실은 근린생활시설, 업무용 시설)
 - 창고시설 기준
 (1) 사람이 생활하는 장소와 명확히 구분되어야 함.
 (2)환기 및 잠금 설비가 있어야 함.

3. 장비
 (1) 휴대용 초미립자 살충제 살포기 1대
 (2) 휴대용 연막소독기 2대
 (3) 수동식분무기 3대
 (4) 보의복 5벌
 (5) 보호안경 5개

---

14) 네이버포스트/창업&트렌드

(6) 방독면 5개

이를 다 갖춘 후 소독업 신고를 진행 하고 필요 서류들을 지참해 보건소에 제출을 진행해야 하는데 이에 필요한 서류는 다음과 같다.

[필요서류]

1. 소독업신고증

2. 일반건축물관리대장

3. 사무실과 창고 면적에 대한 평면도

4. 인력 현황 증명서[근로자 명부대장 / 대표자 +종사자]

5. 장비 보유 현황 [장비구입내역서사본 및 세금계산서와 기타 증빙자료 필요]

실내환경 개선사업의 경우 소자본으로 창업이 가능한 1인 소호 사업이라는 게 가장 큰 징점이다. 투자비도 적게는 2천만원대 많아도 4천만 원을 넘지 않는다. 또한 원재료 비는 전체 매출의 10% 이내이므로 차량 운영비나 약간의 마케팅비를 **빼면** 모두 남는 순수익이다.

4) 홈퍼니싱[15]

신종 코로나바이러스 감염증(코로나19) 사태로 집에서 생활하는 시간이 늘면서 집을 꾸미는 '홈퍼니싱'(Home Furnishing)에 대한 관심이 늘고 있다. 과거에는 이사하거나 집이 낡았을 때만 가구를 사고 집을 꾸몄지만 이제는 계절이 바뀌거나 생활 패턴이 변화했거나 특별한 이유가 없어도 가구를 사고 인테리어를 바꾼다. 코로나19로 인해 이제 집은 단순히 잠만 자는 주거 공간이 아니라 여가나 소비 활동이 이뤄지는 생활의 중심이 되는 공간으로 탈바꿈한 것이다.

트렌드모니터의 설문조사에 따르면 2015년 대비 2020년 '집에서 보내는 시간이 늘어났다'고 언급한 사람의 비중은 26.1% 증가했다. 코로나19 감염 확산으로 재택근무 등이 권고됐기 때문이다. 집에서 시간을 보내는 동안 '집 안에 나만의 공간을 만들고 싶다'고 언급한 사람은 무려 85.6%에 달했다.

주목할 부분은 코로나19 이후 홈퍼니싱 시장의 성장세다. 통계청에 따르면 2010년 약 10조원이던 국내 홈퍼니싱 시장 규모는 2015년 13조원대로 커졌고 2023년에는 18조원대에 달할 것으로 전망된다.

집에 머무르는 소비자의 시간이 늘면서 집 꾸미기 용품에 대한 관심이 지출로 이어졌고 홈퍼니싱 관련 소매 판매액은 올해 4월 전년 동월 대비 23.9% 증가했다. 언택트(비대면) 소비 확산으로 온라인 가구 쇼핑이 늘어나 온라인 가구 거래액은 전년 동월 대비 42.7% 확대됐다.

코로나가 장기화됨에 따라, 홈퍼니싱의 고객 수요는 계속 늘어날 것이며, 소비자의 트렌드를 따라잡기 위한 경쟁 역시 더 치열해질 전망이다.

---

15) 네이버포스트/창업&트렌드

5) 무인점포 [16]

마스크를 쓴다 하더라도 되도록 사람들과 마주치고 싶지 않다는 욕구에 많은 사람들이 비대면 구매를 선호하게 되었다. 시대흐름에 맞춰 사업이 따라가는 것은 당연지사. 편의점, 카페, 스터디카페, 심지어 정육점까지 무인가게가 등장하고 있다.

고정 인건비를 줄이며 소자본으로 창업할 수 있다는 장점도 다양한 형태의 무인 가게 등장을 부추기고 있다.

가) 패스트카페

패스트카페는 숙련된 바리스타가 내린 커피처럼, 일관된 맛과 퀄러티의 커피를 '패스트 카페 머신'이라는 고급 무인 자판기를 통해 제공하고, '패스트 셀럽 카페' 키오스크를 통해 전국 유명 스페셜티 카페의 MD 상품들을 선별하여 판매한다. 고객은 몇 번의 터치만으로 카페 수준 이상의 커피를 합리적인 가격에 만날 수 있다.

패스트카페 관계자는 "패스트카페는 무인 카페 매장 뿐 아니라, 소자본 창업을 희망하는 일부 예비창업자분들을 위한 숍인숍 등 예산에 맞는 다양한 형태로 진행이 가능하다."고 전했다.

나) 무인스터디카페

스터디카페가 비대면 창업 아이템으로 떠오르고 있다. 스터디카페의 경우 24시간 연중무휴로 운영되며 상주 직원 없이 운영이 되기 때문에 자동화 시스템 구축이 필수이며 고객안내부터

---

16) 네이버포스트/창업&트렌드

편리함까지 갖춰야하기 때문에 개인 스터디카페 창업보다 프랜차이즈 스터디카페 창업이 주를 이룬다. 카페에 들어가기 전 문 앞에 있는 키오스크에서 핸드폰 인증을 통한 회원 가입 후 결제와 함께 자리를 정하면 영수증 또는 SNS로 출입할 수 있는 QR코드를 받을 수 있다. 가끔 이용 문의 전화가 오지만 원격으로도 충분히 해결할 수 있으며 아르바이트생도 필요 없고 본인이 직접 매장을 관리해 인건비 부담도 없어 인기를 끌고 있다.

다) 스마트슈퍼

스마트슈퍼는 무인 출입 장비, 무인 계산대, 보안시스템 등을 도입해 낮에는 직원이 근무하고 심야에는 무인으로 운영되는 혼합형 무인점포로 심야 시간에 가게를 찾은 소비자가 입구에 마련된 출입 인증기에 신용·체크카드를 꽂으면 출입문이 열리고, 물건을 고른 뒤 키오스크를 이용해 결제하는 방식으로 운영된다.

라) 셀프사진관

일반적인 사진관을 운영하기 위해서는 전문적으로 사진을 찍는 기술과 사진 인화, 보정 등 다양한 기술이 필요한 반면 셀프 사진관의 경우 포토 키오스크로 촬영이 되므로 운영에 큰 어려움이 없다는 장점이 있어 창업아이템으로 인기를 끌고 있다.

또한 소자본으로 창업이 가능하다. 무인사진관의 경우 많은 공간이 필요하지 않고 유지 및 보수 비용이 낮으며 인테리어 비용도 일반 창업보다는 덜 발생하기 때문이다. 고장이나 포토 키오스크 작동에 오류가 발생했을 경우 원격제어가 가능하고 정산현황 등도 휴대폰이나 pc로 바로 확인 가능하기 때문에 운영과 관리가 편리하다.

다. 무자본창업, 린스타트업

그림 26 무자본창업, 린스타트업

그림 27 무자본창업, 린스타트업2

이 전 부터 창업 업계에서 화두가 되었던 것은 바로 **"린스타트업"**이론 입니다.
에릭리즈의 문어체의 서적과, 그의 이론을 실제로 해본 사례와 쉽게 정리한 서적도 있습니다.
(에시 모리아 - Running Lean)
영어 단어 "Lean"은 여윈, 마른 등의 의미입니다. 가볍다는 뜻에 가깝습니다.
따라서 "Lean Startup"이란, 스타트업(성장이 빠른 초기기업)을 시작하기 전,
제품에 준하는 시제품 혹은 MVP(최소기능제품)을 만든 뒤에 "직접 고객을 만나서" 그들이 진정 그것을 원하는지, 정말 원한다면 미리 선 결제 판매를
통해 안전한 창업을 하는 것입니다.

즉, "탁상공론 보단 실행"
"고객에게 내가 만들게 뭔지 보여주고, 가설을 실험하고",
"내가 세운 아이디어(가설)이 맞는지 직접 검증/학습하라"
는 내용입니다.

저자는 창업의 단계를 3단계로 나눕니다.

1) 문제/솔루션(해결책)의 적합성
2) 제품/시장 적합성
3) 규모의 확장

다시 말해서, 창업이란

고객이 느끼는 문제를 내 서비스가 잘 해결해줄 수 있는지, 내가 만든 제품/서비스가 시장에 궁합이 맞는지를 "고객을 직접 만나서, 혹은 체험시켜서"확인한 뒤,
위의 가설이 검증 됐을 경우, 규모를 확장하는 것이라 정의 할 수 있습니다.

쉽게 말해, 창업은 "가설 검증"게임입니다. 가설과 검증은 과학에서 많이 쓰이는 용어입니다.
어떤 연구이전에 "A에 B를 넣으면 C가 될 거다"라는 가설을 세운 뒤,
그것에 대한 자료의 조사 및 실험을 통해서 "역시 맞군" 혹은 "C가 아니라 D가되네" 등의 결론을 내리는 과정입니다.

따라서 저자는 "개발 - 측정 - 학습"
이라는 3단계의 학습 고리 사이클을 정의합니다. 해당 아이디어 -> 개발 -> 제품(최소기능)
-> 측정(가설진위여부) -> 데이터 수집(고객의 반응) -> 학습(피드백 및 보완) -> 다시 아이디어 결국 위의 과정의 끊임없는 반복이라는 것이 저자의 주장입니다. 진리는 아니지만,
저비용 창업을 위해서는 해당 방법이 반드시 필요합니다.
"다 만들어 놓은 완성품을 파는 사람은 바보다"

결국 창업에 성공하려면, 두 가지 방법이 존재합니다.
1) 고객이 간절히 필요로 하는 것을 즉각 제공하는 것
2) 고객이 안사면 안달 나고 못 배기도록 제품을 가치화 시키는 것 입니다.
1)의 경우, 예를 들면 다음과 같습니다.
"목이 마른 지리산 등산객이 걸어가는데 물을 파는 가게가 없는 경우" 이때 등산객들의 이동을 미리 살핀 후 물을 얼려가 높은 산중턱에서 팔면 고객들이 안살리가 없겠죠?
왜냐면 "목이 마르니까요" 지만 문제가 있습니다. 그곳이 목이 좋다는 소문이 퍼지면, 나 말고 다른 사람들도 와서 얼음물 장사를 시작 할 것입니다. 이것은 경영학 용어로 "시장의 포화상태"에 해당합니다. 따라서 단순히 고객의 Needs만을 찾아내어 그것을 제공하는 것에는 한계가 있습니다.

그러면 어떻게 해야 할까요? 여기에서 바로 2)번 개념이 필요합니다. 그 상품이 나쁘지는 않지만 필요하지 않습니다. 허나 보면 "아 왠지 안사면 안 될 것 같다"라는 느낌을 주는 겁니다.
그건 벤드웨건효과(네트워크효과)가 될 수도 있으며, "그 서비스 만의 특별함"을 주면 됩니다.
즉, "왜 내가 너한테, 그 상품을 사야하지?"라는 명확한 이유를 제시하면 됩니다.
그것이 바로 **가치**입니다. 사람들은 카페에서 커피를 마시는 이유는 "커피가 맛있어서"가 아닙니다. "그 카페를 업무/미팅 장소를 이용하기 위해서," "카페만의 쾌적한 분위기와 친근한 분위기"를 위해 등등. 비싼 커피값에 더해지는 가치를 보고 소비자는 구매를 하는 것이죠. 문 밖으로 나가십시오. 자신이 세운 아이디어를 검증하십시오. 돈 없이 사업하십시오.
그리고 가치를 만들어 내십시오.[17]

---

17) 무자본 창업, 린스타트업|작성자 Ted Hong

라. 창업절차 및 주의점

1) 창업 문제 사례.

'편의점 창업'을 예로 들어보자. '편의점 창업'은 꽤 인기 있는 창업 중 하나이다. 하지만 '편의점 창업'이 다소 왜곡된 면도 있다. '목 좋은 편의점은 대박'이라는 인식 때문이다. 올림픽, 월드컵등 국가 행사 때마다 반복되는 거리응원으로 주변 편의점은 매출이 급격하게 상승하여 그런 인식이 더 강해진 듯하다.

편의점 붐이 일어날 때 본사 당사자들도 붐이라는 인식을 그다지 나쁘게 생각하지 않았다. 편의점 창업 가맹 문의가 물밀 듯이 들어와 힘들이지 않고도 가맹점 수를 늘릴 수 있었기 때문이다.

여기서 문제점이 발생한다. 편의점이 돈을 잘 번다는 인식이 시민, 언론 뿐만 아니라 건물주들도 하기에 이르렀던 것이다. 결국 잘되던 편의점들은 임대료 및 보증금도 급격하게 상승했다.

이런 문제점들은 편의점 업계에만 한정된 것은 아니다. 임대료 부담은 갈수록 커져갈 것이고, 비슷한 업종끼리의 치열한 경쟁으로 수익성은 떨어지는 자영업자들의 공통적으로 안고 있는 고민거리이다.

이처럼 문제점들을 보완해가며, 주의하며 창업 아이템을 신중하게 선택해야할 것이다.

2) 창업 시 주의점

가) 초보창업의 핵심전략

(1) 리스크가 적은 업종을 선택하라

초보 예비창업자들이 미리 알아두면 좋을 프랜차이즈 창업에서 리스크가 적은 업종 아이템 선정 방법!! 창업 시 리스크가 적은 업종을 크게 3가지로 말해 볼 수 있습니다.

첫 번째, 초반부터 큰 수익은 아니더라도 꾸준히 안정적인 매출을 올릴 수 있는 업종을 선택하라

두 번째, 매장을 운영함에 있어 기술이 너무 어렵지 않고, 본사 지원을 받는 관리가 편안한 업종을 선택하라

세 번째, 권리금이 시세보다 저렴하고, 거래가 활발하여 훗날 되팔 때 자신의 투자금을 최대

한 보장받을 수 있는 업종을 선택하라

초보창업 시 유리한 조건을 고루 갖추고 있는 '뽕뜨락피자'의 시스템은 꾸준히 수입을 올릴 수 있고 안정적인 수입을 올릴 수 있게끔 운영 관리를 지원해주는 담당 슈퍼바이저가 있다.

책임 가맹점 관리제도를 통해 본사의 지원을 편하게 받을 수 있다.

(2) 상권과 아이템! 그것이 문제로다!

소자본 투자비용 대비 높은 수익성을 낼 수 있는 아이템은 어떤 것이 있을까?

다양한 재미 있는 먹거리가 있는 먹자골목, 주택과 아파트를 둘러싸고 있는 상가 등 좋은 자리에서 출발이라면 어떤 아이템도 가능할 테지만, 상권이 약간 떨어진 자리라면 걱정이다.

아이템의 수요가 높을수록 수익성 또한 높아지는 것이 당연한 이치라면 또 한편으로는 인건비나 기타소요비용을 줄여 지출을 적게 하는 것이 방법 중 하나일 것이다.

소자본 창업으로 테이크아웃 전문점이 인기 있는 것 또한 이런 이유이다.

뽕뜨락피자의 장점 중 하나가 바로 거품없는 초기 투자비용 대비 꾸준한 수익성을 올릴 수 있는 담당 슈퍼바이저 운영관리를 통한 안정적인 시스템을 갖추고 경쟁력 있다

(3) 본사교육시스템을 점검하라.

프랜차이즈창업의 가장 큰 장점은 바로 본사 차원에서 이루어지는 관리이다.

그 중에서도 창업이 처음인 초보창업자의 경우에는 본사의 교육시스템을 점검하는 것이 가장 중요하다.

나) 올바른 업종 선택

유망업종이라도 상권과 어울리지 않으면 쇠퇴할 수밖에 없다는 사실을 예비창업자들은 명심해야 한다. 즉, 업종 선택은 상권입지 조사와 동시에 진행되어야 하는 것이다.

중·고등학교 근처에 고급음식점이 들어서는 것을 보고 성공할 것이라고 예상하는 사람은 없을 것이다. 상권의 특성에 따라 업종을 선택하고 점포의 입지조건에 따라 세부업종을 정하는 것

이 성공할 수 있는 지름길이다.

　도심권 상권은 인근 사무실의 직장인뿐만 아니라 기타 지역에서 유입되는 인구가 많다. 유동인구가 풍부하고 연령층도 다양해 거의 모든 업종이 호황을 누릴 가능성이 높다. 예비창업자들은 투자대비 수익률을 꼼꼼히 따져본 뒤 업종을 결정하는 것이 바람직하다.

역세권도 도심권과 마찬가지로 대부분의 업종이 잘 될 가능성이 높다. 그러나 역세권마다 유동인구의 연령층과 성별 등에 차이가 있기 때문에 도심권에 비해 세심한 주의가 필요하다. 역세권의 업종동향을 파악해 보면 다음과 같은 특징이 드러난다.

첫째, 음식점이나 주류취급점이 호황인 상권에서는 오락서비스업이 동반호황을 누리는 경우가 많다.

둘째, 의류, 잡화 등 판매업종이 호황인 상권에서는 미용실 등 여성관련 서비스업이 동반호황을 누리고 한식업종은 불황을 겪을 가능성이 높다.

셋째, 음식업종, 판매업종, 서비스업종 분포가 고른 상권은 다양한 연령층이 모여든다.

넷째, 신도시상권의 음식 관련업은 대부분 부진을 면치 못할 가능성이 높다. 결론적으로 역세권상권은 호황과 불황업종이 뚜렷하게 구분되는 특징이 있다.대학가 상권은 객단가를 낮추어 저가 전략을 펼칠 수 있는 업종이 유리하다. 분식점이나 호프집 등이 안정적인 수익을 기대할 수 있는 업종이다.

아파트단지는 공통적으로 주부를 상대로 하는 음식점과 식료품점, 세탁소 등 생활밀착형 업종이 호황을 누릴 가능성이 높다.유아용품점과 놀이방 등은 소형가구가 다수를 차지하는 아파트 상권에 적당하며 학원과 문구점, 미용실 등은 중형아파트 단지에서 호황을 기대할 수 있다.

그러나 대형가구가 많은 아파트 단지의 경우 생활밀착형 외에 뚜렷한 유망업종이 없는 경우가 많다.

상권과 입지 외에 업종 선택시 예비창업자가 고려해야 하는 것은 자신이 확보하고 있는 자금 규모이다.예비창업자들은 보유자금에 맞추어 업종을 선택하자니 마음에 들지 않고 좋은 입지나 A급 상권에 진입하기에는 자금이 턱없이 부족할 경우를 흔히 겪는다.

　이리저리 망설이다가 창업 시기를 놓치거나 대충 적당한 곳에서 사업을 시작하였다가 실패한 경우도 많다.

　결론적으로 예비창업자들은 욕심 부리지 말고 자신이 가진 자금 규모 내에서 최상의 입지와 업종을 선택하는 것이 바람직하다.

일반적으로 판매업은 해당상권의 B급지 이상에서, 음식업은 주택가 C급지 이상에서 성공할 가능성이 높다.[18]

---

18) 블로그 https://cafe.naver.com/changuplist/1340

04

창업시장분석

4. 창업시장 분석

가. 기본 분석

스타트업(startup)이라고도 불리는 창업은 아이템에 따라 인생 역전할 수 있는 확률이 높기 때문에 여기에 관심을 가지고 창업을 하고자 하는 이들이 점점 늘고 있습니다. 게다가 국내외 프랜차이즈가 활성화 되면서 진입장벽이 낮아져 소자본으로도 쉽게 시작할 수 있기 때문에 현재 자영업자 600만 시대가 도래했다고도 합니다. 그래서 유동인구가 많은 지역에서 상호명이 같은 가게를 자주 보는 것이 낯설지 않았나 봅니다.

사실 창업이라고 하면 은퇴 후 노후를 대비하기 위한 설계라고 생각했었는데요. 최근 6년간 베이비붐 세대인 중·장년층의 창업뿐만 아니라 청년창업의 신설법인 수 또한 청년 실업률에 비례하여 꾸준히 증가하고 있는 추세입니다.

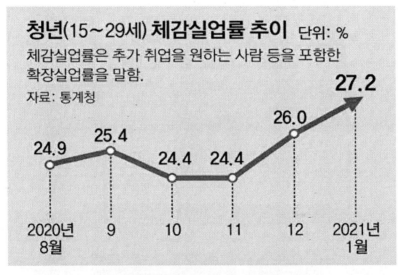

그림 28 높아지는 청년(15~29세) 실업률

그림 29 30년만에 최저로 떨어진 청년층 고용률

도표를 보면 꾸준히 높아지는 실업률과 떨어진 청년층 고용률에 많은 청년들이 좌절하고 있다. 게다가 신종 코로나바이러스 감염증(코로나19) 확산으로 실직하거나 경제활동에서 이탈하는 사람이 급증하면서 국내 고용시장 악화가 장기화될 수 있다는 우려가 나온다.

점점 더 높아지는 취업문턱과 고용불안정에 대한 불안감으로 많은 청년들이 창업시장에 뛰어들고 있다. 정부도 나서 청년창업을 지원해 창업시장의 문턱이 낮아졌기 때문이다.

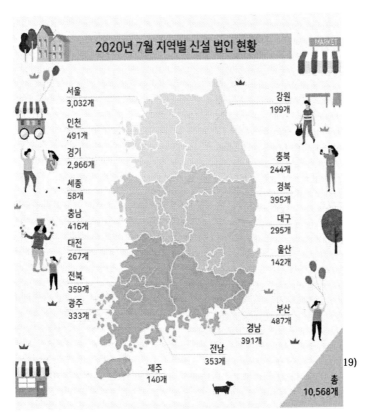

그림 30 2020년 상반기까지의 신설법인 현황

코로나 바이러스 감염증의 침체된 경기로 인한 우려와는 달리 신규 설립된 법인의 수는 최근 10년 중에서도 가장 많이 설립된 것으로 발표되었다. 이는 정부의 중소기업 육성 정책과 각종 규제나 법률의 완화에 따라 오히려 창업을 하거나 퇴사나 은퇴 후 회사 설립을 하는 사람들이 증가했기 때문이다.

게다가 코로나19의 영향으로 비대면 비즈니스 온라인 시장 등에서 새로운 기회를 창출할 수 있겠다는 기대감이 복합적으로 작용한 것으로 보인다.

---

19) 한국기업데이터/신설법인현황

업종별·연령별 창업기업수 (합계)

	2020년 7월			2020년 8월			2020년 9월		
	전체	법인	개인	전체	법인	개인	전체	법인	개인
소계	131,541	11,366	120,175	105,904	9,037	96,867	105,683	9,687	95,996
30세미만	16,939	898	16,041	14,800	703	14,097	15,070	831	14,239
30세~39세	29,490	2,309	27,181	24,629	1,956	22,673	24,697	2,212	22,485
40세~49세	35,196	3,739	31,457	27,909	2,878	25,031	27,805	3,050	24,755
50세~59세	31,335	2,952	28,383	24,704	2,355	22,349	23,944	2,407	21,537
60세이상	18,449	1,405	17,044	13,765	1,104	12,661	14,046	1,128	12,918
기타	132	63	69	97	41	56	121	59	62

그림 31 업종 및 연령별 창업기업수

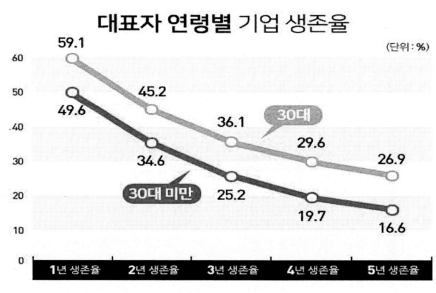

그림 32 대표자 연령별 기업 생존율

통계청 자료에 따르면 청년들이 창업해 성공할 확률은 높은 나이대에 비해 떨어지는 게 현실이다. 창업한 지 5년도 채 되지 않아 폐업하는 경우가 다른 연령군보다 높다. 2013년 기준 30대 미만 대표자가 있는 기업의 5년 생존율은 16.6%에 그쳤다. 30대 대표자가 있는 기업의 5년 생존율도 26.9%에 머물렀다. 창업해서 5년 안에 실패할 확률이 절반을 넘어서 2/3 이상이라는 뜻이다.

좌절이 팽배하는 시대임에도 불구하고 열정과 희망으로 도전하는 청년 창업가들이 있기에 대한민국의 미래가 존재한다. 힘들고 어렵지만 헤쳐나가는 청년들이 있기에 대한민국의 미래가 밝다고 생각한다.

나. 창업이슈 분석

1) 소액창업의 장점과 단점

대부분의 예비창업자들이 창업을 준비할 때 가장 걱정하는 것은 창업비용일 것이다. 얼마나 투자를 해야 하는 지에 대해서는 사실 정해진 바가 없다. 히지만 경기 불황이 계속되면서 나타나는 창업추세는 적은 투자금으로 손실을 최소화 하는 데 초점을 맞추고 있다. 소액창업이 각광받는 시대가 온 것이다.

그렇다면 소액창업의 기준은 어떻게 될까? 보통 점포창업의 경우 대략 5천만 원 ~ 1억 정도 비용으로 창업하는 것을 소액창업이라고 부른다. 무점포 창업의 경우 비용이 더 낮아질 수 있으나 점포창업의 경우 기본적으로 드는 비용을 무시하기 어렵기 때문이다.

그림 33 소액창업의 장점과 단점

소액창업은 다른 창업에 비해 상대적으로 저렴한 창업비용이 들고, 가게가 작은 편에 속해 종

업원을 고용할 필요가 없어 인건비 절감 등으로 고정적으로 나가는 비용지출이 적으며, 직원 의존도와 권리금이 작아 운영만 잘한다면 투자에 비해 고수익을 창출할 수 있다는 장점을 가지고 있다.

하지만 적은 비용으로 창업을 하는 것이기 때문에 좋은 점만을 가지고 있는 것은 아니다. 소액창업의 특성상 대부분 상권이 좋지 않은 곳에 있어 접근이 불편하고, 협소한 매장을 가지고 있다는 단점이 있다. 특히 기대매출 자체가 굉장히 낮게 측정될 수밖에 없다. 일반적으로 창업의 기대수익률 2%정도로 측정이 되는데 소액창업의 경우는 4-5%로 제시한다. 한눈으로 보기에는 꽤 높은 수준으로 보이지만 창업자의 인건비가 포함이 되어 있을 뿐 아니라, 투자대비에 따른 %이기 때문에 적은 투자를 한 소액창업은 적은 매출을 가질 수밖에 없다.

2) 소액창업의 단점 보완법

가) 초기 투자비용을 최대한 낮춰야 한다

무리한 투자로 단기간에 승부를 내겠다는 생각을 한다면 성공할 수 없다. 이제는 창업으로 대박을 노리는 시기가 아닌, 작게 시작해서 적은 수익을 안정적으로 올리면서 실패하지 않는 창업을 하는 시기이다. 점포 투자에 조금이라도 돈을 덜 쓰는 것이 투자금 회수 등에 유리하다.

나) 상권분석을 철저히 해야 한다

규모와 상권의 열세를 극복하려면 상권분석이 최우선이다. 상권에 따라 내 주고객층이 달라지기 때문에 주고객층에 맞는 서비스와 품질로 승부를 봐야 한다. 운영시간을 조절, 배달서비스, 테이크 아웃 등 내 고객층에 어울리는 서비스로 승부를 봐야 한다. 고객 편의 서비스는 매출로 이어진다.

다) 가게 외관에 크게 신경을 써야한다.

대부분의 소액창업점포들은 작은 규모로 시작하고, 보통 길거리를 지나가는 유동인구를 대상으로 하기 때문에, 단 몇초안에 사람의 시선을 확 사로잡을 수 있는 가게 외관 인테리어를 하는 것이 굉장히 중요하다. 아무리 좋은 상품이라도 사람들 눈에 띄지 않는다면 아무도 찾지 않는다.

다. 소비성향에 따라 업종별 사업자 수의 변화 [20)]

○ 부산 100대 생활밀접업종 증감 추이 (자료: 국세청)

감소			증가		
업종	2019년 6월	2020년 6월	업종	2019년 6월	2020년 6월
간이주점	1000개	856개	부동산중개업	7912개	8248개
노래방	1810개	1679개	미용실	7406개	7545개
PC방	650개	624개	한식전문점	2만 4153개	2만 4890개
여관모텔	1425개	1355개	커피전문점	3181개	3905개
목욕탕	756개	727개	분식점	4047개	4053개
기타음식점	1669개	1566개	자동차수리점	2336개	2394개
호프집	1851개	1684개	중국음식점	1740개	1793개

그림 34 생활밀접업종 사업자의 변화 추이

간이주점(유흥·단란주점이 아닌 일반 술집)은 1000개에서 856개로, 노래방은 1810개에서 1679개로 감소했다. 호프전문점(호프집)도 1851개에서 1684개로 크게 줄었고 당구장은 991개에서 948개로 줄었다. 코로나19의 직격탄을 맞은 여행사는 1088개에서 1056개로 약간 줄었는데, 이는 여행사들이 폐업신고를 하기보다는 휴업을 한 경우가 많았기 때문으로 보인다. 국세청 통계는 사업자등록이 돼 있는 가동사업자를 기준으로 한다. 휴업을 했더라도 폐업신고를 하지 않았다면 가동사업자로 분류된다.

물론 100대 업종이 줄어든 이유는 코로나19뿐만 아니라 해당업종의 공급과잉 등 여러 가지가 있겠지만 대체로 코로나19로 타격이 심한 업종이 많았다.

반면 늘어난 업종도 있었다. 대표적으로 부동산시장이 좋아지면서 부동산 중개업은 7912개에서 8248개로 336곳이 늘어났다. 부동산 중개업은 해운대구에서 1097→1187개, 수영구 532→591개, 부산진구 873→939개 등으로 부동산 가격이 오르는 지역에서 많이 증가했다. 반면 동구 중구 영도구 등은 줄었다.

커피전문점은 3181개에서 3905개로 22.8%나 늘었다. 커피전문점은 부산진구에서 459→566개로, 해운대구에서 268→326개, 수영구 215→272개, 사하구 216→269개 등으로 급증했는데 16개 구·군 중에서 커피전문점이 줄어든 곳은 한 곳도 없었다.

100대 생활업종에서 가장 흔한 한식전문점은 2만 4153에서 2만 4890개로 약간 늘었으며 분식점은 4047개에서 4053개로 소폭 증가했다. 그러나 일식전문점은 1074에서 1028개로 줄었고 기타음식점은 1669개에서 1566개로 감소했다. 기타음식점은 햄버거·샌드위치 가게 등을 말한다.

---

20) 통계청 자료 참조

부산은 100대 생활밀접업종에 속한 사업장이 모두 16만 1958개로 지난해 6월에 비해 4.2% 증가했다. 코로나 19로 인해 자영업자와 소상공인이 큰 어려움을 겪고 있지만 부산에서는 제조업 등의 실직자들이 다른 지역보다 많아 이들이 생활업종에 진출했기 때문으로 분석된다.

실제 통계청의 6월 고용동향에 따르면 부산의 제조업 취업자는 1년 전에 비해 3만 2000명이 줄었고 사업·개인·공공서비스업은 1만 7000명, 전기운수통신금융업 1만 3000명이 감소했다. 반면 도소매·음식숙박업은 2만 명이 늘어났다. 이에 대해 동남지방통계청은 "코로나19에도 도소매·음식숙박업 취업자가 늘어난 것은 다른 업종에서 실직한 사람들이 이들 분야에서 창업한 것으로 추정된다"고 설명했다.[21]

라. 사업자의 연령분포

생활밀접업종 사업자의 연령대를 보면, **40대가 429,614명(32.3%)으로 가장 많으며**, 50대가 415,945명(31.3%)으로 40~50대의 비중이 상당히 높은 것으로 나타남.

구분	30세 미만	30세 이상	40세 이상	50세 이상	60세 이상	기타	총 계
사업자 수	60,697	246,114	429,614	415,945	176,597	45	1,329,012
비 중	4.6 %	18.5 %	32.3 %	31.3 %	13.3 %	-	100 %

표 3 사업자의 연령분포

- 업종별 사업자의 연령을 보면 휴대폰 판매점, pc방은 30대, 교습학원은 40대, 노래방 철물점등은 50대. 이발소등은 60세 이상 비중이 높은 것으로 나타나고 있다.

---

21) 올 상반기 부산 술집·노래방·PC방/ 부산일보, 김덕준

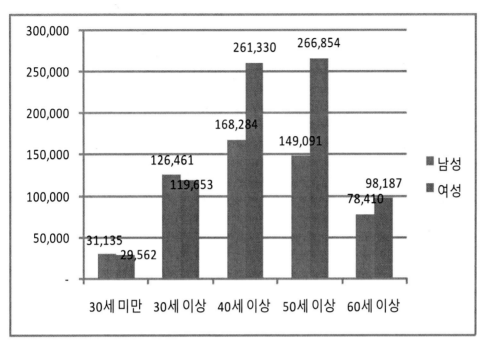

그림 35 계속사업자 도표분석

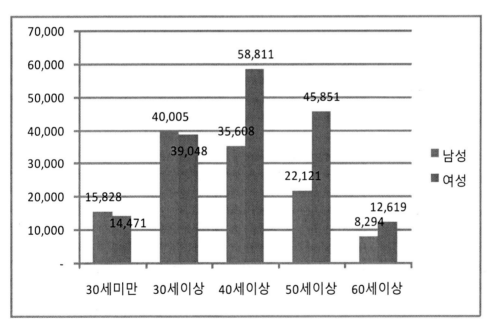

그림 36 신규사업자 도표분석

업종별로 볼 때 여성들은 화장품가게, 꽃가게, 노래방, 일반주점, 미용실등을 많이 운영하고 있으며, 남성들은 안경점, 휴대폰 판매점, 자동차 수리점, 이발소 등은 남성이 많은 것으로 나타나고 있다.

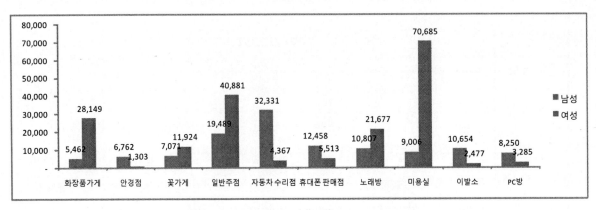

그림 37 30개 업종 사업자의 성별 현황

1) **청년 창업 희망 업종 1위는 요식업**   한국일보 2015.09.19

맥주전문점을 운영하는 이문희씨를 비롯해 취재 과정에서 만난 청년 창업가들은 대부분 본인이나 가족이 마련한 목돈 또는 은행 신용대출을 통해 자금을 조달했다. 공급 과잉이라는 지적이 있을 만큼 지방자치단체별로 다양한 창업 지원 프로그램이 쏟아지고 있지만 정작 청년들의 관심이 집중돼 있는 요식업은 그 혜택에서 비껴 나 있다. 올해부터 요식업을 창업 지원에서 제외한 서울시 청년창업센터를 비롯해 정부 부처의 많은 창업 지원 프로그램이 음식업은 지원 대상에 포함시키지 않고 있다. 그나마 있는 지원금이라고 해 봐야 사업자등록증을 낸 후 대출을 지원해 주는 '창업보증(자금)지원' 정도를 꼽을 수 있다. "다른 업종에 비해 구체적인 계획 없이 무작정 지원하는 20대가 많아 선발이 어렵고 지원 후 실패 확률이 높다"는 게 서울시 청년창업센터 관계자의 말이다.

하지만 고용노동부와 한국고용정보원이 발표한 '대학생 창업활동 및 창업지원제도 현황 분석'(2012)에 따르면 청년들의 창업 희망 업종은 여러 업종 중 커피숍, 식당 등을 포함한 요식업 분야가 35.7%로 단연 높게 나타났다. 따라서 정부의 창업 지원책이 보다 현실화돼야 한다는 지적이 나온다. 한국중소기업학회 상임이사인 장수덕 한남대 경영학과 교수는 "정부에서는 외식 창업, 생계형 창업이 최근 과도하게 늘어나고 있다고 여겨 지원을 점차 줄이고 있고 가급적 배제하려 하지만 외식 창업 역시 창업의 일종"이라며 "청년들이 무거운 창업보다는 쉽고 가볍게 다가갈 수 있는 외식업으로 눈을 돌리는 게 추세인 만큼 정부가 이런 현실을 반영해야 한다"고 말했다.

정부의 창업 정책이 시야를 넓혀야 한다는 목소리도 나온다. 김종운 한남대 글로벌칼리지 교수는 "청년 창업 지원이 일회성 자금 지원으로만 접근하는 경향이 있다"며 "청년들이 창업 후 사업을 지속할 수 있도록 산업에 대한 실질적인 교육과 창업을 연습할 수 있는 인프라 구축이 시급하다"고 말했다

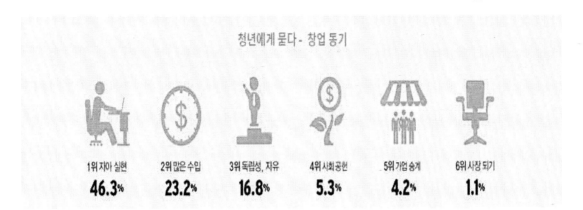

그림 38 청년 창업 동기

청년들의 창업 동기를 조사한 결과 자아 실현이 46.3%로 가장 큰 비율을 차지했고, 많은 수입이 23.2%, 독립성과 자유가 16.8%로 각각 2, 3위를 차지했다. 이 외에도 사회 공헌, 가업 승계, 사장되기가 창업 동기 중 하나였다.

청년에게 창업을 희망하는 업종을 물은 결과 1위는 35.7%를 차지한 외식업 관련 분야였다. 2위는 27.1%의 통신·문화·언론 및 미디어 콘텐츠 분야, 쇼핑몰과 도·소매 등 유통 관련 업종이 8.2%로 3위를 차지했다. 4위는 사회복지, 보건 의료 분야가 6.5%, 5위는 교육 서비스 업종이 4.6%로 뒤를 이었다.[22]

2) 청년 창업 자금조달

코로나19로 기존 패션·식품업체들이 폐업이나 매출 감소로 어려움을 겪는 가운데 차별화된 아이템과 새로운 유통 채널로 창업 성공기를 쓴 20·30대 사장들이 등장하고 있다.

프랜차이즈를 비롯한 식음료(F&B) 매장과 길거리 패션 점포들이 잇달아 무너지고 있지만 '건강'에 대한 관심이 높아졌다는 점, 유통 트렌드가 양극화함에 따라 '프리미엄' 제품을 선호하는 사람이 늘었다는 점 등에 착안해 이들 2030 창업자는 차별화된 사업 전략을 구사하고 있다. 큰돈을 들이지 않아도 시제품 생산과 출시가 가능한 크라우드 펀딩 플랫폼을 십분 활용한

---

22) 청년, 창업을 보다 청년에게 묻다/창업도시서울

것도 공통된 특징이다.

관련 업계에 따르면 2020년 크라우드 펀딩 플랫폼 와디즈에서 오픈된 패션·잡화 카테고리 투자공모 건수는 총 2569건으로, 전년 동기 대비 61% 증가했다. 같은 기간 모집된 펀딩 금액도 102% 늘어난 320억 원을 기록했다. 돈을 투자하겠다는 서포터 숫자 역시 22만 명에서 47만 명으로 많아졌다. 서포터란 펀딩에 참여하는 후원자면서 동시에 제품과 서비스를 이용하는 소비자를 말한다.

F&B 카테고리도 두드러진 성장세를 나타냈다. 올 들어 9월 말까지 누적된 F&B 프로젝트 건수는 975건으로 전년 동기보다 46% 증가했다. 같은 기간 모집된 펀딩금액은 39% 늘어난 91억원, 서포터 수는 40% 증가한 17만 명을 각각 기록했다. 그만큼 패션·잡화와 외식 분야의 2030 창업에 대한 투자가 늘었다는 것을 의미한다.

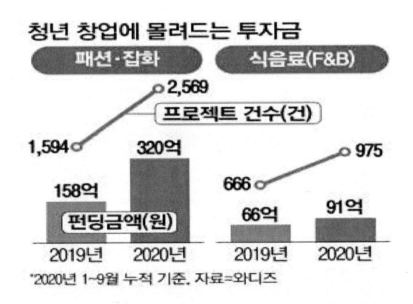

마. 골목창업에 대한 빅데이터 분석 내용

신규 창업자들이 골목 창업아이템으로 경쟁력이 있고 신선하고 재밌는 아이템을 선택하여 소규모 개인 창업들이 많이 늘어나고 있습니다.
메인 도로는 프랜차이즈 브랜드들이 즐비하고, 비싼 임대료와 권리금을 소자본 창업자들과 소상공인들, 청년 창업자들이 감당하기는 어렵기 때문입니다.
따라서 청년들은 골목창업에 관심을 가지게 됩니다.

그림 41 창업 키워드 분석데이터.

창업과 연관된 키워드를 보면 골목,상권,비법,권리금,위치,지원금,주택개조 등 여러 가지가 존재한다는 것을 알 수 있다.

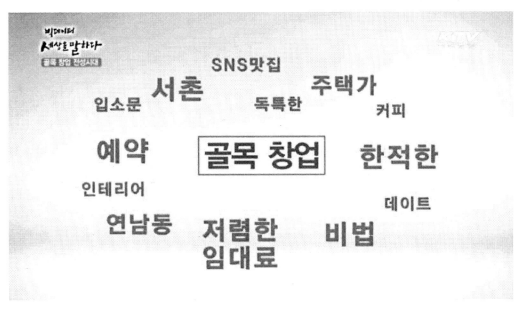

그림 42 골목창업 키워드 분석데이터.

이번엔 골목 창업으로 연관된 키워드이다.sns맛집, 저렴한임대료, 주택가, 한적한, 독특한, 데이트등 이다.
골목 창업자들의 생각들과 왜 선호하는지 한눈에 알 수 있는 연관키워드 들이다.

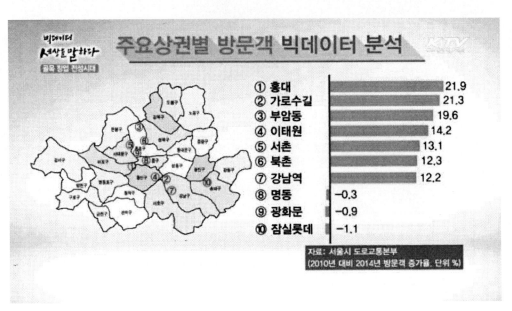

그림 43 주요상권별 방문객 빅데이터 분석

주요상권별 방문객 데이터 분석결과이다. 전통적으로 번화가로 유명한 곳들은 오히려 감소하고있으며, 소소하고 재미와 트랜드를 선도하는 새로운 곳들이 방문객이 증가하고 있는 것으로 보여진다.
이태원 경리단길, 신사동 가로수길, 성수동아틀리에길, 방배동 사이길, 서래마을 카페거리, 연남동 경의선숲길등 유명한 골목들은 SNS를통해 점차 확산되고 유명해져 골목상권이 잘 형성된다.

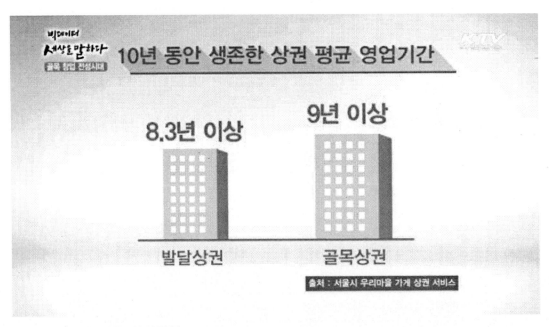

그림 44 상권 평균 영업기간

놀랍게도 10년간 생존한 상권의 평균 영업기간을 보면 놀랍게도 발달상권보다 골목상권이 9년 이상으로 생존 영업기간이 길게 나타나고 있다.
오히려 골목 상권자들이 안정적이라는 것이 흥미롭다.

1) 2020년 이후 골목상권[23]

전국경제인연합회(이하 전경련)가 22개 주요 골목상권 업종을 대표하는 협회(조합)를 대상으로 조사한 결과, 올해 주요 골목상권 업종들의 하반기 순익은 전년 동기 대비 42% 줄어든 것으로 나타났다.

주요 골목상권 업종들의 전년 동기 대비 2020년 상반기 매출액은 평균 -27.2%, 매출액에서 임대료·인건비 등 제반비용을 차감한 순익은 -32.9%로 나타났다.

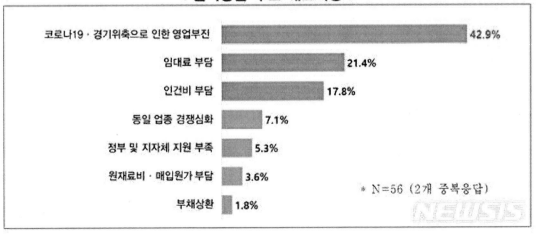

< 주요 골목상권 업종 전년 동기 대비 실적 · 전망 >

< 골목상권 주요 애로사항 >

---

23) 벼랑끝 골목상권…"하반기 순익 작년보다 42% 하락 전망"/newsis

주요 골목상권 협회들은 최근의 가장 큰 애로사항에 대해 ▲코로나19 및 경기위축으로 인한 영업부진(42.9%) ▲임대료 부담(21.4%) ▲인건비 부담(17.8%) 등을 지적했다.

한편 경영상황 호전시기에 대해서는 예측이 어렵다는 입장이 64.3%로 가장 높게 나타났으며, 이어 ▲2022년 중(17.8%) ▲2021년 하반기(14.3%) ▲2021년 상반기(3.6%) 순으로 나타났다.

코로나19 위기 극복 및 골목상권 활성화를 위해 가장 중점을 둬야 할 정부 지원책으로는 '내수확대와 수요촉진제도 도입'(42.8%)을 가장 많이 꼽았다.

바. 업종별 창업 현황

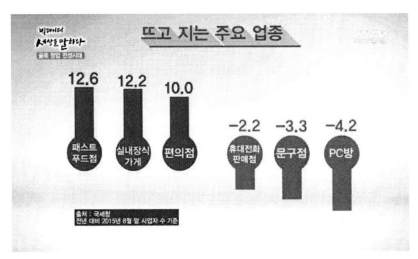

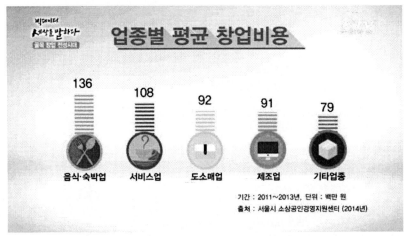

그림 48 업종별 평균 창업비용

평균 창업 비용을 보면, 음식.숙박업이 서비스업종이나 도소매업보다 훨씬 많이 소요되는데, 인테리어나 시설에 들어가는 비용이 많기 때문이다.

하지만 뜨고 있는 주요 업종을 보면 패스트푸드 업종이 제일 높게 나타난다.

이처럼 전통적으로 좋은 상권, 비용이 많이 소요되는 곳에 창업을 하기보다는 밀집 상권의 골목으로 창업을 하는 경우가 증가하고 있다는 뜻이다.

다소 전통적인 좋은 상권위치가 아니더라도 비주얼 좋은 요리, 독특한 디저트등 트랜드에 맞춰 호기심을 흥미롭게 하여 사람들이 SNS를 통해서 찾아온다거나 주변입소문 전략을 펼쳐 영업을 활성화 하겠다는 창업자들이 많아지고 있는 추세이다.

1) 코로나19 이후 업종별 창업 현황

온라인 쇼핑시장 급성장에 힘입어 전자상거래 업체를 중심으로 도소매업 창업이 늘어난 반면 숙박·음식점 창업은 감소했다.

중소벤처기업부는 3분기 창업기업이 34만3천128개로 지난해 동기보다 13.3% 늘었다고 24일 밝혔다. 업종별로는 도소매업이 10만883개로 가장 많고 그다음으로 부동산업(7만6천464개), 숙박·요식업(4만3천193개), 건설업(1만6천166개) 등의 순이었다.

이중 도소매업은 26.8%, 부동산업은 20.5% 증가했다.

특히 도소매업 창업기업 증가율은 1분기 5.9%, 2분기 14.6%보다 높아졌다. 이는 코로나19 사태 이후 온라인 쇼핑 활성화와 간편식 수요 증가 등에 힘입어 전자상거래 업체와 식료품 소매업체가 늘어난 영향으로 풀이된다.

반면 숙박·요식업 창업기업은 코로나19 확산에 따른 거리 두기와 외식 자제 등의 여파로 2.5% 감소했다.

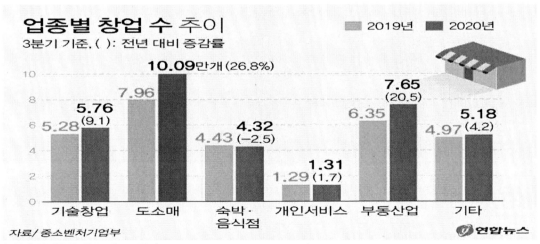

구분	전체	기술창업	도소매	숙박·요식	개인서비스	부동산업	기타
'19.3분기	302,834	52,844	79,563	44,318	12,898	63,479	49,732
'20.3분기	343,128	57,648	100,883	43,193	13,123	76,464	51,817
	(13.3)	(9.1)	(26.8)	(△2.5)	(1.7)	(20.5)	(4.2)

3분기 전체 창업기업 중 기술창업기업은 5만7천648개로 9.1% 늘었다. 이 가운데 정보통신업이 9천793개로 25.0% 늘어 증가율이 가장 높았고 제조업 창업기업은 1만2천993개로 3.5% 늘어 2018년 4분기 이후 처음으로 증가세를 보였다. 교육 서비스업 창업기업은 8천635개로 9.0% 줄어 기술창업기업 중 유일하게 감소했다. 월별로 보면 7월에는 14.3%, 8월에는 11.2% 감소했다.[24]

사. 구조

1) 창업을 시작하는 방법

그림 50 애플(APPLE)의 기술전도사 겸 마케터 가이 가와사키.

애플(APPLE)의 전설적인 Evangelist(기술전도사 겸 마케터),
가이 가와사키는 "당신의 기업을 시작하라"
라는 책에서 다음과 같은 통찰 있는 내용을 전해준다.
가) 기업의 존재 '의미'를 만들어라

---

24) 코로나19가 바꾼 창업…전자상거래↑·숙박·음식점↓/연합뉴스

(ex : 세상을 좀더 살기 좋은 곳으로 만들어 주는 제품/서비스 창조)
-> 만약 우리 조직이 없다면, 세상은 -------------------- 때문에 살기 불편할 것이다.

대부분의 창업 기업은 "의미"를 먼저 찾기 보다는, 자신의 아이디어에 우선순위가 주어진다.
고객의 입장에서 우리 회사의 제품 혹은 서비스가 "왜 존재하는가?"에 대한 명확한 대답이
필요하다.

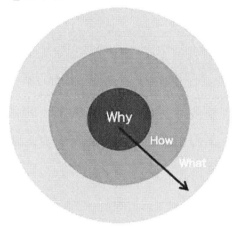

그림 51 '의미'의 중요성.

나) 기업의 존재의미를 담은 '주문'을 만들어라

(사명서 따위가 아니라, 주문. 슬로건과 다르다)
-> Authentic Athletic performance (나이키), Rewarding everyday moment (스타벅스)
 Think Differnt (애플), Fun family entertainment (디즈니)

나이키는 단순 생필품인 운동화를 파는 회사이다. 하지만 나이키의 브랜드에는 특별한
가치를 지닌다. 그 이유는? 바로 "명확한 주문(mantra)"를 가지고 있기 때문이다.
"Authentic Athlectic Performance", (진정한 운동선수의 성과)

나이키는 세상에 모든 운동선수를 위해 존재한다. 그들의 경기력과 성과 향상에
기여하기 위해 존재하는 것이다. 주문이 바로 명확한 기업의 가치를 말해준다.
고객, 전 직원이 다 알 수 있는 회사의 사명을 가질 때, 기업은 모두에게 의미를 가진다.

"기업의 가치, 철학이 담긴 당신 회사의 주문은(mantra)?
(?   )
다) 실행에 즉시 나서라

문서 작업, 재무 계획 X, '실행' 먼저!
(시제품, SW, 웹사이트 런칭, 당신의 서비스 제공을 먼저해라!)
-> 완벽한 제품 생각X , 실제로 판매하고 있어야 함

"먼저 팔아라"
린스타트업에 "고객 검증 및 세일즈"가
이루어 져야 한다. 아래에 추가적으로 몇가지 원칙을 제시한다.

라) < 원 칙 >

① 크게 생각하라 (원대함을 위해 노력, 좀 더 높은 기회!!)
(ex : 아마존닷컴 300만종 판매서점 만들려함 vs 일반 오프서적 2만 5천)

② 함께할 동료를 찾아라
같은 비젼을 가진 동료와 함께하면, 힘든 여정을 버텨나갈 수 있다.

③ 사람들을 열광시켜라 => 긍정적 / 부정적 반응 모두 관심의 표현!

④ 차별화된 설계를 하라
 -> 4가지 접근방식
 * 이런 제품을 원해 -> 시장조사 방법
 * 우리 회사가 못 하는 거야 -> 경력을 기반으로 유리한 고지
 * 어라, 이런게 가능하네! -> '검증', but 어려울때는 인기 있는 방법 X
 * "좀 더 좋은 방법이 있을거야"

⑤ 시장조사를 위해서 시제품을 이용하라
-> 첫 제품, 서비스를 시장에 선보이는 것
 예상 고객이 좋아하도록 제품을 바꾸려 X
 이미 좋아하고 있는 것을 더 좋게 만드려는 노력

기본적인 원칙을 가지고서, 사업을 시작하면서
가장 중요한건? "돈을 버는 방법"이다.

마) 수익모델을 정의하라

* "어떤" 고객들이 당신의 제품 혹은 서비스를 구매할 것인가? (Who)
* "어떻게" 그 고객들에게 제품/서비스를 판매할 것인가? (How)

① 구체화하라 -> 고객을 자세히 묘사 ! (틈새시장 , 특정시장 공략)

<Self Check>
1단계 : 당신 조직 한달 동안 운영하는데 필요한 비용 계산
2단계 : 당신이 만드는 제품 1개의 총 이윤을 계산하라
3단계 : 1단계에서 계산비용을 2단계 결과로 나눠라
4단계 : 몇 명의 여성에게 3단계 결과만큼 팔릴지 물어봐라.
만약 아니라면 당신은 수익모델이 없는 것과 같다

② 단순화하라 -> 수익모델을 "10 단어" 이내로 표현!!
 (ex : 이베이 -> 등록수수료 / 위탁수수료)

③ 벤치마킹하라 -> 수익모델을 정의하는데 모든 에너지를 쏟지 마라

 여자들의 반응, 심리를 잘 활용 (남자는 킬러본능 ,무디다!!)
 반응을 통해 "수익모델" 실현가능성을 잘 판단 할 것.

바) 조직을 굳건하게 하는 MAT를 마련하라 (Milestone, Assumtion, Task)

Milestone(이정표, 액션 플랜) : 기한을 정하고 벽에 붙여라!

<7단계 프로세스>
컨셉 증명 -> 설계규격 완성 -> 시제품 완성 -> 자본 유치 -> 고객테스트 버전제공(제품) ->
최종버전 -> 손익분기 달성
Assumption : 가정이 틀리면 재빨리 조치, 이정표와 연계 할것

이정표를 세웠지만, 그 이정표 대로 흘러가지 않을 수도 있다.
또한 세웠던 가정이 잘못되었다면, 바로 이정표를 수정해나가야 한다.
시장은 냉정하기 때문이다.

; Lean startup을 잊지 말자!

<가정의 요소>
"가정(Assumption)"을 하는데 있어, 지표들을 정할 수 있다.

제품,서비스 성과 지표 (30일동안 몇개를 팔까?)
시장규모 / 매출이익
영업 직원당 영업전화 / 잠재 고객의 실질고객 전환비율 (100통 전화로 잠재고객중 몇명이 구매로 전환되는가?)
/ 영업주기 / 고객의 투자대비 수익률 / 출시된 제품당 기술지원 문의 전화 비율 / 미수금, 미지급금 주기 / 보상요건 / 부품,물품가격 / 고객당 투자대비 수익율 등등등...

"회사마다 추구하는 가치와 철학"이 다르다.
따라서 KPI (주요 성과 지표 ; Key Performance Indicator)가 다를 것이다.
쉽게 말해 "목표"가 다르다는 것이다. 이점을 참고하자.

***Task : 업무를 쪼개라
 사무실 임대 / 주요 공급망 확보 / 회계와 급여 관련시스템 갖추기
 법률 관련 문서정리 / 보험 가입

"큰 이정표를 그리고, 일정 실험 기준들을 만들고
실험을 통해 맞는 길임을 확인 했다면, 주저말고 달려가라!!!!"

그리고, 어느구간에서는 쉬고 어느구간에서 물을 마실지
구체적으로 Action Plan (Task, 과업)을 짜고 시작하라.

이런 방법으로 창업을 시작한다면, 당신의 기업을 완전히 달라져 있을 것이다.

05

창업기업현황분석

5. 창업기업 현황 분석

가. 창업준비 전 고려 사항들

1) 기업에 영향을 미치는 요인

가) 창업 동기

창업자들이 창업하고자 하는 동기는 경제적, 비경제적 행태로 구분되는 다양한 요인들의 영향을 받게 된다. 실태조사 결과, 우리나라 창업자의 경우, 창업의 동기는 경제적 요인보다 비경제적 요인이 더 크게 작용하고 있는 것으로 조사되었다. 즉, 창업 동기를 묻는 설문에 대해 '자아 실현'(47.0%), '직장생활에서 더 많은 독립성과 자유를 가지기 위해'(18.8%), '사회에 공헌하기 위해'(7.0%) 등과 같은 비경제적 요인이 경제적 요인 (더 많은 수입을 위해 22.4%, 사장이 되기 위해 1.0%)보다 높게 나타났다.

창업 연도별로는 최근 창업한 창업자일수록, 성별로는 여성창업자에 비해 남성 창업자에서, 학력별로는 대체로 학력 수준이 높은 창업자일수록 경제적 동기보다 비경제적 동기를 보다 중요하게 고려하는 것으로 나타났다. 이 같은 응답결과는 우리나라의 전반적인 소득수준 향상 및 고학력화 현상과 함께 자아실현, 독립성과 자유로운 직장생활등 사회 전반의 개인 가치 중시 현상을 반영하는 것으로 분석할 수 있다.

나) 창업 의사결정에 영향을 미치는 요인

창업자의 창업 의사결정에 영향을 미치는 요인은 다양하게 나타날 수 있다. 실태조사 결과, 우리나라 창업자들은 '이전 직장 경험'(79.2%)이 창업 의사결정에 가장 크게 영향을 미쳤다고 응답하였으며, 다음으로 가정교육(3.8%), 직업교육(3.2%), 학교교육(2.2%) 등의 순으로 나타났다.

한편, 학교교육 및 직업교육, 가정교육 등의 교육시스템은 창업자의 창업 의사결정 요인에서 큰 비중을 차지하지 못한 것으로 나타났다. 이는 우리나라의 교육시스템이 창업 촉진에 크게 기여하지 못하고 있음을 의미한다고 볼 수 있어, 향후 창업 촉진을 위해서는 선진국과 같이 학교교육 및 직업교육 등이 보다 큰 역할을 수행할 필요가 있음을 시사하고 있다 하겠다.

다) 최종 창업 결정 시 중요하게 고려한 경제적·비경제적 요인

창업자가 창업을 결정할 때에는 여러 가지 경제적, 비경제적 요인의 영향을 받게 된다. 이와 관련하여 창업자가 창업을 최종적으로 결정하는 데 가장 중요하게 고려하였던 경제적 요인을 조사한 결과, 시장규모 및 성장성이라는 응답이 62.2%로 가장 높게 나타났으며, 다음으로 소득증대 기대(20.8%), 내부 여유자금(가족 소득/자산) 등의 순으로 나타났다.

성별로는 남성·여성 창업자 모두 시장규모 및 성장성이라는 응답이 가장 높게 나타났으나, 시장규모 및 성장성 요인에 대해서는 남성 창업자에서 여성 창업자보다 높게 나타난 반면,소득증대 기회 요인에 있어서는 여성 창업자(30.0%)에서 남성창업자(19.8%)보다 높게 나타났다. 학력별로는, 시장규모 및 성장성 요인의 경우 학력 수준이 높을수록 응답비율이 높게 나타난 반면, 소득증대 기회 요인의 경우는 학력수준이 낮을수록 응답비율이 높게 나타났다. 이는 창업자가 최종 창업 결정 시 고려하는 경제적 요인으로 시장규모 및 성장성이 가장 중요하며, 학력 수준이 높을수록 기술창업 비중이 높아 시장규모 및 성장성이 보다 중요한 요인으로 지적되고 있다는 점을 감안하여, 대학·연구원 등 고학력자의 창업 촉진방안을 적극 모색할 필요가 있다고 할 수 있다.

한편, 창업자가 창업을 최종적으로 결정하는 데 가장 중요하게 고려하였던 비경제적 요인은 도전의식(34.2%) 및 자아실현 욕구(30.0%)라는 응답비율이 높게 나타났으며, 다음으로 성공 기업가처럼 존경받고 싶은 욕구(10.9%), 사회공헌(9.6%) 등의 순으로 나타났다. 성별로는 여성 창업자에서 특히 도전의식이라는 응답비율이 43.3%로 매우 높게 나타났으며, 자아실현 욕구 요인은 남성 창업자에서 여성 창업자에 비해 매우 높게 나타났다.

2) 창업교육 참여 여부 및 필요성

가) 창업교육 참여 여부

창업을 촉진하기 위해서는 기업가적 마인드를 배양하기 위한 창업교육의 역할이 매우 중요하다. 창업자를 대상으로 학교 육과정(초·중·고·대학·대학원)에서 창업교육에 참여한 적이있었는가에 대해 조사한 결과, '참여한 적 있음'이라는 응답은 3.1%에 불과한 반면 '참어한 직 없음'이라는 응답은 86.9%로 타나, 대부분의 창업자가 학교 교육과정에서 창업교육을 받지 못한 것으로 나타났다. 성별로는 남성 창업자에 비해 여성창업자에서, 학력별로는 학력 수준이 낮은 창업자일수록 창업교육에 참여하지 못했다는 응답비율이 상대적으로 높게 나타났다. 한편, 정부기관이나 상공회의소 등 비영리기관이 제공하는 창업교육 참여 여부를 조사한 결과, 학교 교육과정에서의 창업교육 참여 여부에 대한 조사와 마찬가지로 '참여한 적 있음'이라는 응답은 14.1%에 불과한 반면 '참여한 적 없음'이라는 응답은 85.9%로 나타나, 대부분의 창업자가 학교 교육과정 이외의 정부기관이나 비영리기관에서 제공하는 창업교육도 별로 받지 못한 것으로 나타났다.

이처럼 창업교육에의 참여 여부가 낮았다는 것은 전체적으로 기업가정신 함양을 통해 창업으로 유도하려는 정부 차원의 노력이 부족하였다고 볼 수 있으며, 창업기업의 성과를 제고하는데 한계가 있음을 의미하므로, 창업교육의 확대 방안을 강구할 필요가 있음을 시사하고 있다고 할 수 있다.

나) 창업 교육의 필요성

창업교육의 필요성에 대한 설문조사 결과, 약간 필요(58.1%) 또는 매우 필요(35.5%)라는 응답이 93.6%로 절대 다수를 차지한 반면, 불필요(전혀 불필요 1.3%, 거의 불필요 5.1%)하다는 응답은 불과 6.4%로 나타났다. 성별로는 여성에 비해 남성 창업자 그룹에서 창업교육의 필요성에 대해 보다 높게 응답하였으며, 학력별로는 대체로 학력 수준이 높을수록 창업 교육의 필요성을 더 실감하는 것으로 나타났다.
이 같은 조사결과로 볼 때, 향후 창업을 촉진하고, 창업에 따른 성공률을 제고하기 위해서는 학교 교육과정이나 정부기관및 비영리기관 등에서 창업교육을 보다 강화할 필요가 있다 하겠다.

3) 창업환경 및 기업가에 대한 인식

창업환경은 창업기업의 창업활동에 큰 영향을 미치는 중요한 요인이라고 할 수 있다. 그러나 우리나라의 창업환경은 경쟁국에 비해 열악한 것으로 알려지고 있어, 그 실태를 점검해 볼 필요가 있다.

가) 창업 당시와 비교한 현재의 창업환경

우선 창업 당시에 비해 현재의 창업환경을 어떻게 생각하느냐는 설문에 대해, 약간 호전(23.6%) 또는 매우 호전(5.8%)되었다는 응답비율은 29.4%로 나타났음에 비해, 악화(32.6%) 또는 매우 악화(11.2%)되었다는 응답비율은 43.8%로 나타났다.
즉, 창업 당시에 비해 창업환경이 호전되었다는 창업자보다 악화되었다고 인식하는 창업자가 14.4%나 많은 것으로 나타났다.

창업 연도별로는 창업 당시와 비교하여 창업환경이 '악화'되었다는 응답비율의 경우, 2006년 이후 창업한 창업자(46.0%)와 2003~2005년 창업한 창업자(39.8%)에 비해 2001~2002년에 창업한 창업자에서 악화되었다는 응답비율(49.0%)이 보다 높게 나타났다. 지역별로는 비수도권 소재 창업자에 비해 수도권 소재 창업자에서 창업 당시와 비교하여 현재의 창업환경이 악화되었다고 응답한 비율이 다소 높게 나타났다.

이 같은 응답결과는 최근 들어 창업에 따른 부담금 및 환경 영향평가 등 규제가 강화되고 있기 때문이라고 할 수 있으며 특히 수도권 소재 창업기업에서 그 비율이 보다 높은 것으로 나타나고 있다는 점을 감안하여, 국가경쟁력 강화 차원에서 수도권에서의 창업 활성화 방안도 모색할 필요가 있다는 점을 시사하고 있다고 할 수 있다.

한편, 창업환경이 악화되었다고 응답한 창업자를 대상으로 그 주된 이유가 무엇이라고 생각하느냐는 설문에 대해서는, 높은 생산요소가격이라는 응답비율이 67.2%로 가장 높게 나타났고, 다음으로 수익창출기반 약화(11.7%), 시장개방 확대에 따른 경쟁 심화(8.8%), 규제 증가(8.0%) 등의 순으로 나타났다.

창업 연도별로는 '높은 생산요소가격'의 경우, 최근 창업한 창업자일수록 악화되었다는 비율이 다소 높게 나타난 반면, '수익창출 기반 약화'와 '시장개방 확대에 따른 경쟁 심화'의 경우 는 창업 후 오래된 기업일수록 악화되었다는 응답비율이 보다 높게 나타났다. 종사자 규모별로는 종사자 규모가 큰 창업기업일수록 '시장개방 확대에 따른 경쟁 심화'라는 응답비율이 보다 높게 나타났다. 사업 분야별로는 특히 제조업 영위 창업기업의 경우 현재의 창업환경이 악화된 이유로 '높은 생산요소가격'이라는 응답(75.5%)이 가장 높게 나타났음에 비해 지식기반서비스업의 경우는 '수익창출기반 약화'라는 응답비율이 보다 높게 나타났다.

나) 경쟁 국가와 비교한 창업환경

우리나라의 창업환경이 대만, 일본 등 경쟁 국가에 비하여 어떠한 상황에 있는지를 조사한 설문에 대해서는, '좋은 편'(5.8%) 또는 '매우 좋은 편'(1.0%)이라는 응답이 6.8%에 불과한 반면, '매우 나쁜 편'(10.1%) 또는 '나쁜 편'(60.4%)이라는 응답은 70.5%로 높게 나타났다.

사업 분야별로는 제조업 영위 창업자의 경우 창업환경이 경국에 비해 나쁘다('나쁜 편' 또는 '매우 나쁜 편')고 평가하는 비율이 72.0%로 지식기반서비스업 영위 창업자(63.0%)보다 높게 나타났다. 이는 특히 제조업 부문 창업에 있어 사전 환경영향평가 등의 규제가 강화됨에 따라 창업환경이 경쟁국에 비해 보다 어려워지고 있기 때문인 것으로 분석된다.
한편, 우리나라의 창업환경이 대만, 일본 등 경쟁국과 비교하여 나쁜 편이라고 응답한 창업자를 대상으로 창업환경이 열악한 주된 요인을 조사한 결과, '창업 실패에 따른 사회안전망 미약'이라는 응답이 33.0%로 가장 높게 나타났으며, '복잡한 창업 절차 등 규제'라는 응답은 31.7%, '상대적으로 높은 세제'라는 응답은 21.6%로 나타났음에 비해, '기업에 대한 불신 정서'라는 응답은 8.3%로 비교적 낮게 나타났다.

종사자 규모별로는 '창업 실패에 따른 사회안전망 미약'이라는 요인의 경우 기업의 규모가 작을수록 응답비율이 높게 나타난 반면, '기업에 대한 불신 정서' 및 '상대적으로 높은 세제'라는 요인의 경우는 기업의 규모가 클수록 경쟁국에 비해 나쁘다는 응답비율이 보다 높게 나타났다.
이 같은 조사결과는 향후 창업 촉진을 위해 '창업 실패에 따른 사회안전망 확충'과 복잡한 창업절차 등 규제개혁, 그리고 상대적으로 높은 세제 개편이 필요할 것임을 의미하는 것으로 분석된다.

다) 창업하여 성공한 기업가에 대한 국민들의 인식

선진국의 경우 기업가에 대한 국민들의 인식이 비교적 높은 것으로 알려지고 있다. 이와 관련하여 창업한 기업가를 대상으로 우리나라 국민들이 창업하여 성공한 기업가를 어떻게 평가하고 있다고 생각하는지를 설문조사하였다.

조사 결과, '존경하지 않는 편임'(27.6%) 또는 '전혀 존경하지 않음'(3.5%)이라는 응답은 31.1%로 나타난 반면, '약간 존경'(50.6%) 또는 '매우 존경'(18.3%)이라는 응답은 68.9%로 비교적 높게 나타났다. 이는 최근 회자되고 있는 국민들의 반기업 정서보다는 국민들이 창업하여 성공한 기업가를 비교적 긍정적으로 평가한다는 점을 창업기업인들이 인식하고 있다고 분석할 수 있다.

한편, 창업하여 성공한 기업가를 국민들이 긍정적으로 평가 한다고 응답한 창업자를 대상으로 그 이유를 묻는 설문에 대해, '고용창출에 기여', '경제성장에 기여'라는 응답이 각각 48.8%, 38.2%로 높게 나타난 반면, '사회에 크게 공헌', '기타'라는 응답
은 각각 7.4%, 5.6%로 낮게 나타났다.

이는 국민들이 창업하여 성공한 기업가를 긍정적으로 인식하는 이유는 무엇보다 고용창출과 경제성장에 기여한다는 점을 높게 평가하고 있다는 사실을 창업 기업가들이 인식하고 있기 때문인 것으로 분석된다.

나. 창업정책의 추진 실태와 실효성 제고 방안 [25]

1) 창업 재정지원 현황 및 문제점

가) 재정지원 현황[26]

중소벤처기업부(장관 박영선, 이하 중기부)는 2021년도 정부의 창업지원사업을 조사한 결과, 15개 부처(90개 사업)와 17개 광역지자체(104개 사업)에서 1조 5,179억원 규모의 창업사업을 지원한다고 밝혔다.

창업지원 관련 예산은 일자리 창출과 비대면 기업 육성 등 정책적 중요성에 따라 매년 증가하고 있으며, '21년에도 전년(1조 4,517억원) 대비 662억원(4.6%↑) 증가한 1조 5,179억원으로 역대 최고치를 기록했다.

---

25) 참조 : 창원연구원
26) 대한민국 정책브리핑 2021년 1조 5,179억원 규모 창업지원 통합 공고 시행

		2018년	2019년	2020년	2021년
참여기관	중앙정부	7	14	16	15
	지방정부	–	–	–	17
대상사업	중앙정부	60	69	90	90
	지방정부	–	–	–	104
지원예산	중앙정부	7,796	11,818	14,517	14,368
	지방정부	–	–	–	811

표 5 연도별 창업지원 통합공고 현황 2021기준

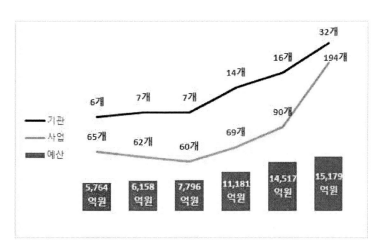

그림 52 기관 및 사업별 예산

기관별 창업사업 분석 결과, 중앙부처는 15개 부처에서 90개 사업(46.4%)에 1조 4,368억원 (94.7%)을 지원하며, 스타트업 육성 전담부처인 중기부가 40개 사업, 1조 2,330억원(81.2%)으로 가장 높은 비중을 차지했다.

다음으로 문화체육관광부 11개 사업, 491.6억원(3.2%), 과학기술정보통신부 10개 사업, 457.7억원(3.0%) 순이다.

아울러 '21년 신규사업으로 중기부의 비대면 스타트업 육성(300억원), 글로벌 기업 협업 프로그램(300억원), 과기부의 정보통신기술(ICT)미래시장 최적화 협업기술개발사업(24억원) 등 8개 사업이 추가됐다.

광역지자체는 17개 시도에서 104개 사업(53.6%), 811억원(5.3%)을 지원하며 서울시가 14개 사업, 237억원(1.56%)으로 지자체 중 예산 비중이 가장 높고, 경기도 26개 사업, 206억원(1.36%), 대전시 10개 사업, 77억원(0.5%) 순이다.

특히 지역별 맞춤형 창업지원에는 서울시의 핀테크랩(31.9억원), 경기도의 크라우드 펀딩 연계 스타트업 지원(12억원), 충남의 농촌융복합산업 제품 생산기업 창업육성(34.2억원) 등 104개 사업이 다양하게 포함됐다.

중앙부처			광역지자체		
기 관	예산	비율	기 관	예산	비율
중소벤처기업부	12330.1	81.23	서울시	237.0	1.56
문화체육관광부	491.6	3.24	경기도	206.4	1.36
과학기술정보통신부	457.7	3.02	대전시	77.6	0.51
고용노동부	298.5	1.97	부산시	52.2	0.34
농림축산식품부	161.9	1.06	충청남도	50.4	0.33
특허청	153.2	1.01	울산시	42.0	0.28
농촌진흥청	122.0	0.80	경상북도	38.1	0.25
환경부	120.0	0.79	강원도	24.4	0.16
보건복지부	78.0	0.51	전라북도	22.6	0.15
해양수산부	70.6	0.46	대구시	17.5	0.12
교육부	58.1	0.38	경상남도	9.2	0.06
기획재정부	16.3	0.11	세종시	7.4	0.05
법무부	8.4	0.06	인천시	7.3	0.05
기상청	1.6	0.01	제주도	6.8	0.04
국토교통부	0.7	0.01	전라남도	4.8	0.03
			광주시	4.0	0.03
소계 (15개 부처, 90개 사업)	1조 4,368억원 (94.7%)		충청북도	3.0	0.02
			소계 (17개 시도, 104개 사업)	811억원 (5.3%)	

지원유형별로는 창업사업화(8,745억원, 57.6%), 기술개발(R&D)(4,207억원, 27.7%), 시설·보육(1,080억원, 7.1%), 창업교육(828억원, 5.5%) 순으로 나타났다.

이중 창업사업화 지원예산은 '20년 7,315억원에서 1,430억원이 증가한 8,745억원(57.6%)으로 중점 지원할 예정이며, 창업교육에 대한 예산도 증가해 창업에 대한 전문성 강화와 인식개선이 이루어질 것으로 예상된다.

	사업화	R&D	시설보육	창업교육	멘토링	행사	합계
예산	8,745	4,207	1,080	828	229	90	15,179
사업수	94	6	46	15	19	14	194

표 6 21년 창업지원 통합공고 유형별 예산 (단위 : 개, 억원, %)

나) 재정지원의 문제점

우선 정부가 창업 촉진을 위해 적지 않은 정책자금 융자와 보조금을 투입하고 있으나, 창업 재정지원 실태가 제대로 파악되지 않고 있으며, 일정 규모 이상의 창업지원사업에 대한 예비 타당성 검토 등이 이루어지지 않은 채 재정지원이 이루어지고 있다는 문제점이 지적되고 있다.

미국 등 선진국과 중국에서는 창업을 촉진하기 위해 테크숍, 메이커 스페이스 등 창업 인프라 확충에 역량을 집중하고 있음에 비해, 우리정부는 (개별) 창업기업 지원을 위한 정책자금 융자 및 R&D, 사업화에 대부분의 재정자금을 투입하였다.

또한 `창업 이후 맞닥뜨린 문제점`에 대해 `돈 부족`이 75명으로 가장 많았다. 이어 `학업에 지장` 71명, `창업 아이디어의 현실성(전문성)` 55명, `성공 가능성에 대한 확신(자신감)` 54명, `과정의 복잡성과 예상치 못한 어려움` 53명 등 순으로 나타났다.

창업을 해본 학생들은 창업을 시도할 때 사회경험, 전문성, 실행 능력 등 부족할 수 있는 부분을 보완해주는 도우미 역할이 충분히 이뤄지길 주문했다. 또 멘토 교수와의 네트워킹과 선별과정을 통한 재정 지원으로 `선택과 집중`이 중요하다고 답했다.[27]

---

27) 대학생 창업해보니…자금부족·학업지장 '걸림돌'/매일경제

창업 이후의 문제점 (단위=명)

항목	명
돈 부족	75
학업에 지장	71
아이디어의 현실성	55
성공 가능성 불확신	54
창업 과정의 복잡성과 예상 못한 어려움	53
사람 관계 어려움	40

*창업 경험 학부·대학원생 94명 조사. 중복 응답. 자료=서울대

2) 창업지원사업 추진 실태와 문제점

가) 중앙정부 및 지방정부의 창업지원사업[28]

다음은 2020년에 이루어진 분야별 정부 창업지원사업 통합 공고이다.

---

28) 정책브리핑/2021년 1조 5,179억원 규모 창업지원 통합 공고 시행

- 창업교육 (12건)

사업명	지원내용	지원대상	전담(주관)기관	사업규모(억원)	소관 부처
·대학 창업교육 체제 구축	① 수행대학 컨설팅 제공 ② 교·직원 지도역량 강화 ③ 창업교육 콘텐츠 개발	전국대학 및 권역 내 초·중등학교 등	한국연구재단(산학협력지원팀)	6.2	교육부(교육일자리총괄과)
·학생 창업유망팀 300	① '오디션형' 경진대회 개최 ② 단계별 교육·멘토링 지원	전국 초·중·고생 대학(원)생(휴학생 포함) 및 학교 밖 청소년 등	한국청년기업가정신재단(기업가정신교육팀)	16	교육부(교육일자리총괄과)
·공공기술기반 시장 연계 창업탐색 지원	① 실전 창업교육 ② 창업컨설팅, 멘토링 지원 ③ IR 및 데모데이 기회 제공	대학(원)생, 연구원 등으로 구성된 실험실 예비창업팀	한국연구재단(산학협력진흥팀)	102	과기정통부(연구성과일자리정책과)
·창업이민인재양성 프로그램	① 기술창업 교육 지원 ② 멘토링, 컨설팅 등 지원 ③ 특허출원, 시제품제작 등 지원 ④ 시설공간, 네트워킹 지원	기술창업 희망 외국인 창업예정자	글로벌창업이민센터	8.35	법무부(체류관리과)
·실전창업교육	① 창업실습교육(블렌디드러닝, Build-up 프로그램) ② 시장검증(고객반응조사, 비즈니스모델 검증 및 최소요건제품 제작 비용 지원 등)	아이디어 또는 비즈니스모델을 보유한 예비창업자	창업진흥원(교육문화부)	48	중기부(창업촉진과)
·메이커 문화 확산	① 메이커 창작활동 ② 동아리 ③ 이동형 교육 ④ 메이커 행사 등	창작활동 관심 일반인	창업진흥원(창업저변확대부)	44.4	중기부(창업생태계조성과)
·청소년비즈쿨	① 기업가정신 및 창업·경제교육, 창업동아리 및 전문가 특강 지원 등 ② 비즈쿨 페스티벌, 교재·콘텐츠 개발·보급, 담당교사 직무연수 등	청소년 및 교사	창업진흥원(창업저변확대부)	66.7	중기부(벤처혁신기반과)
·대학기업가센터	① 창업관련 교육계획 수립·운영 등 총괄 기능 강화 지원 ② 교재, 모듈 등 교육 콘텐츠 개발·보급 ③ Cash class 등 최신 창업트렌드를 반영한 창업 전공강좌 운영지원 등	대학	창업진흥원(창업저변확대부)	6	중기부(벤처혁신기반과)
·장애인 맞춤형 창업 교육	① 온라인교육 및 특화교육 ② 창업멘토링 지원	장애인 예비창업자 및 업종전환희망자	장애인기업종합지원센터(사업전략팀)	9.7	중기부(소상공인혁신과)
·멘토링플랫폼 운영 지원	① 기술·경영 밀착지원 ② R&D, 투·융자 연계	3대 신산업분야(시스템반도체, 바이오, 미래차) 창업·벤처기업	공모예정	46.3	중기부(미래산업전략팀)
·신사업창업사관학교	① 창업, 제품경영체험 교육 ② 상품화 등 사업 지원	소상공인 예비창업자	소상공인시장진흥공단(교육지원실)	166	중기부(소상공인지원과)
·IP기반 차세대영재 기업인 육성	① 기초·전문 교육 지원(온라인학습·오프라인 캠프)	중학생 또는 그에 준하는 연령 영재 선발	한국발명진흥회(창의발명교육연구실)	15	특허청(산업재산인력과)

- R&D (8건)

사업명	지원내용	지원대상	전담(주관)기관	사업규모(억원)	소관 부처
민관협력기반 ICT 스타트업 육성	① 사업화지원(최대 5억원) ② 창업 프로그램 지원 및 컨설팅	ICT분야 창업 5년 이내 인기업	정보통신기획평가원 (중소기업개발팀)	16	과기정통부(정보통신산업기반과)
연구개발특구육성	① 시제품제작, 성능평가, 목업제작, 검증 지원 등 ② 시제품 성능 고도화, 신뢰성 평가·인증, 국내·외 시장 진출 등	연구소기업 또는 연구소기업 등록 신청을 완료한 기업	연구개발특구진흥재단 (사업총괄팀)	165	과기정통부(지역과학기술진흥과)
스포츠 창업 촉진 기반 기술개발	① 스포츠분야 혁신 창업 기술개발 지원	스포츠분야 창업기업	국민체육진흥공단(산업육성팀)	3.8	문체부(스포츠산업과)
농식품 기술 평가지원	① 기술평가 수수료 지원	농식품분야 기술기반 자금조달 희망 예비창업자 및 벤처·창업기업	농업기술실용화재단 (기술평가팀)	2	농식품부(농산업정책과)
농식품 산업 기반 연구 지원	① 연구인력 재교육 및 컨설팅 ② 현장애로기술 개발 지원	농식품분야 창업 7년 이내 기업	농림식품기술 기획평가원(농생명사업실)	20	농식품부(농산업정책과)
바이오헬스 투자인프라 연계형 R&D	① 정부-민간 공동 사업화자금 및 인프라 지원	바이오헬스분야 7년 이하 창업기업	한국보건산업진흥원 (보건산업혁신창업센터)	22	복지부(보건산업정책과)
창업성장기술개발	① (디딤돌) 최대 1.5억원 이내 ② (전략형) 최대 4억원 이내 ③ (TIPS) 최대 5억원 이내	창업 7년 이하 기업	중소기업기술 정보진흥원(창업기술평가실)	4,780	중기부(기술개발과)
농업실용화기술 R&D지원	① R&BD 기획지원 ② 시제품개발 등 사업화지원 ③ 효과검증, 연구·설비지원 ④ 판로개척, 마케팅 지원	농업인, 농식품산업체	농업기술실용화재단 (사업지원팀)	116.6	농진청(연구성과관리과)

창업기업 지원서비스 바우처	① 세무·회계 (기장대행수수료 등) ② 기술보호 (기술자료 임치 및 갱신 수수료)	만 39세 이하 창업 자 중 창업 3년 이내 기업	창업진흥원 (예비창업부)	192	중기부(창업촉진과)
창업성공 패키지(청년창업 사관학교)	① 청년창업사관학교 내 창업 준비공간 제공 ② 사업화지원(최대1억원) ③ 정착자금 등 후속연계 지원	제조 융복합 업종 영위 창업기업 만 39세이하 창업 3 년 이내 기업	중소벤처 기업진흥공단 (창업지원처)	932	중기부(창업촉진과)
창업성공 패키지 (글로벌창업 사관학교)	① 글로벌 진출 준비 지원 ② 사업화지원(최대2억원) ③ 현지화 액셀러레이팅 지원	청년창업사관학교 졸업CEO 중 글로벌 진출 가능성이 높은 창업 7년 이내 기업	중소벤처기업진흥공단 (창업지원처)	108	중기부(창업촉진과)
로컬 크리에이 터 바우처 지원	① 비즈니스모델 등 성장단계에 따라 맞춤형 지원	예비창업자 창업 7년 미만 기업	창업진흥원(생태계조성 부)	44	중기부(창업생태계조성 과)
장애인 창업사 업화 지원	① 사업화지원(최대2천만원)	장애인 예비창업자 및 업종전환희망자	장애인기업종합 지원센터(사업전략팀)	13.1	중기부(소상공인혁신과)
장애인기업 시 제품 제작지원	① 사업화지원(최대3천만원)	장애인 예비창업자 및 장애인기업	장애인기업종합 지원센터(사업지원팀)	5.6	중기부(소상공인혁신과)
혁신분야 창업 패키지 (3대 신산업분 야)	① 기술·경영 등 밀착지원 ② R&D, 투·융자 연계지원	창업 7년 이내 기업	공모예정	400	중기부(미래산업전략팀)
혁신분야 창업 패키지 (소재·부품·장 비)	① 사업화지원	소재·부품·장비 관 련 스타트업	창업진흥원 (생태계조성부)	50	중기부(창업생태계조성 과)
스타트업 특허 바우처	① IP권리화, 특허조사·분석 등 바우처 지원	창업 7년 미만, 매출 100억 미만 스타트 업	한국특허전략개발원(정 부협력팀)	14.7	특허청(지역산업재산과)
기상기후산업 청년 창업 지원	① 시제품개발 등 사업화지원 ② 멘토링 및 창업캠프 등	만34세이하 1인 또는 팀단위 기 상기후분야 청년예 비창업자	한국기상산업기술원(성 장지원실)	1.6	기상청(기상서비스정책 과)

· 농식품 기술창업 액셀러레이터 육성 지원	① 농식품 기술기반 창업기업 액셀러레이팅 프로그램 운영 지원	농식품분야 액셀러레이터	농업기술실용화재단(벤처창업지원팀)	8.5	농식품부(농산업정책과)
· 지역·클러스터 병원 연계 창업 인큐베이팅 지원	① 창업보육 공간 입주지원 ② 시제품제작 등 주관기관별 자율·특화프로그램 지원	창업 7년 이내 기업	한국보건산업진흥원(보건산업혁신 창업센터)	24	복지부(보건산업정책과)
· 사회적기업가 육성	① 사업화지원(최대 50백만원) ② 창업공간 제공 ③ 분야별 전문 멘토링 제공 ④ 사회적기업가 정신 등 창업과정 필요 교육 제공 ⑤ 후속지원 프로그램 제공	예비창업자 창업 2년 미만 기업 재도전 창업자	한국사회적기업진흥원(창업지원팀)	315.9	고용부(사회적기업과)
· 해양수산 창업 투자 지원센터	① 성장단계별 창업기업 교육, 마케팅 등 지원	해양수산분야 예비 창업자 및 유망기업	지역별 창업투자 지원센터	45	해수부(수산정책과)
· 해양신산업 인큐베이팅	① 사업화지원, 액셀러레이터 지원, 투자유치 지원	해양수산분야 예비 창업자 및 창업기업	해양수산과학 기술진흥원(창업투자팀)	17.1	해수부(해양수산과학 기술정책과)
· 예비창업 패키지	① 창업사업화에 소요되는 사업화 자금(최대 1억원) ② 창업교육 및 멘토링 ③ 네트워킹, 후속지원 프로그램 등	예비창업자	창업진흥원(예비창업부)	1,114	중기부(기술창업과)
· 초기창업 패키지	① 사업화자금(고급기술 및 유망 창업아이템 보유 초기창업기업의 시제품 제작, 마케팅 활동 자금) ② 초기창업 특화프로그램(사업화 자금을 지원받는 초기기업에 아이템 실증검증, 투자연계, 멘토링 등)	창업 3년 이내 기업	창업진흥원(초기창업부)	1,075	중기부(기술창업과)
· 창업도약 패키지	① 사업화지원(최대 3억원) ② 성장촉진 프로그램 (제품개선, 디자인개선, 수출지원, 유통연계)	창업 후 3년 이상 7년 이내 기업	창업진흥원(창업도약부)	1,275	중기부(기술창업과)
· 글로벌 액셀러레이팅	① 국내 창업기업의 해외진출 액셀러레이팅 및 해외 진출자금 20백만원 - 지원국가 : 미국, 중국, 영국, 프랑스, 싱가프르, 베트남, 이스라엘	창업 7년 이내 기업	창업진흥원(글로벌사업부)	34	중기부(해외시장정책총괄과)
· 민관공동 창업 자발굴 육성 (TIPS)	① 창업사업화 자금(최대 1억원) ② 해외마케팅 자금(최대 1억원)	TIPS(R&D)에 선정된 창업 후 7년 이내 기업	창업진흥원(민관협력부)	544	중기부(기술창업과)
· 사내벤처육성	① 사업화 자금 최대 1억 ② 사업화 실증 최대 2억 ③ R&D자금 연계 최대 4억	사내벤처팀 및 분사 후 3년 이내 창업기업	창업진흥원(민관협력부)	200	중기부(기술창업과)
· 재도전 성공패키지	① 재창업교육 ② 멘토링 ③ 사업화 자금 ④ 입주지원 ⑤ 네트워킹	예비 및 3년 이내 재 창업자	창업진흥원(재도전창업부)	175	중기부(재기지원과)

사업명	지원내용	지원대상	전담(주관)기관	사업규모(억원)	소관 부처
실험실 특화형 창업 선도대학 육성	① 실험실 창업 후속 R&D 지원 및 창업인프라 조성 지원	대학 실험실 예비창업팀	한국연구재단(산학협력진흥팀)	150.7(교육부 25.7, 과기부 125)	교육부(교육일자리총괄과) 과기부(연구성과일자리정책과)
K-Global DB-Stars	① 사업화지원(최대 30백만원) ② 데이터 특화 컨설팅, 멘토링, 역량강화 교육 지원 ③ 공공·민간 인프라 및 데모데이, 네트워킹 등 지원	데이터중심 비즈니스 모델(아이디어) 보유 창업 7년 미만 기업	한국데이터산업진흥원(산업지원실)	12.5	과기정통부(빅데이터진흥과)
K-Global 액셀러레이터 육성	① 특화 전문 액셀러레이터 선발 및 역량강화 지원 ② 교육, 멘토링, 네트워킹, 데모데이 등 프로그램 지원	국내 민간 액셀러레이터 및 창업팀(스타트업)	정보통신산업진흥원(창업지원팀)	20	과기정통부(정보통신산업기반과)
K-Global 스타트업 공모전 (Hi-Tech Startup)	① 아이디어 사업화 지원 ② 우수 스타트업 시상 및 상금 지급	창업초기 스타트업	정보통신산업진흥원(창업지원팀)	10	과기정통부(정보통신산업기반과)
지역주도형 청년일자리사업	① 사업화, 컨설팅 등 지원 ② 공간·장비 임차 등 지원	사업개시일 기준 만 39세 이하	각 지자체(일자리담당 부서)	355	행안부(지역일자리경제과)
예술분야 창업 아이디어 발굴	① 경진대회 실시(10개팀 선정) ② 팀당 최대 15백만원 지원 ③ 교육 및 멘토링 지원	예술분야 만39세 미만 예비창업자 (팀)	예술경영지원센터(창업투자기반팀)	8	문체부(예술정책과)
예술분야 초기 기업 사업기반 구축지원	① 사업모델 구축 자금 지원 ② 교육 및 컨설팅 지원 ③ 투자유치대회 참가 지원	예술분야 3년 이하 창업기업	예술경영지원센터(창업투자기반팀)	4.8	문체부(예술정책과)
예술분야 성장 기업 사업도약 지원	① 사업 자금 지원 ② 교육 및 컨설팅 지원 ③ 투자형 크라우드펀딩 유치 지원 연계	예술분야 3년 초과 7년 이하 법인기업	예술경영지원센터(창업투자기반팀)	8.6	문체부(예술정책과)
콘텐츠 스타트업 창업육성 프로그램	① 창업자금, 맞춤형 프로그램 등 지원 ② 멘토링 및 마케팅 등 지원	콘텐츠 예비창업자(팀) 또는 창업 3년 이내 스타트업	한국콘텐츠진흥원(창업지원팀)	30	문체부(문화산업정책과)
스포츠산업 액셀러레이터	① 사업화지원(평균 35백만원)	5년 미만 창업자	국민체육진흥공단(산업지원팀)	17	문체부(스포츠산업과)
스포츠산업 창업지원센터	① 사업화지원(평균 30백만원) ② 교육 및 멘토링 등 지원	예비창업자 및 3년 미만 창업기업 (후속지원 7년 미만)	국민체육진흥공단(산업지원팀)	33	문체부(스포츠산업과)
농식품 창업보육지원	① 사업화지원(최대 30백만원) ② 전문가 컨설팅, 네트워킹 등 역량강화 지원	농식품분야 예비창업자 및 창업 5년 미만 기업	농업기술실용화재단(벤처창업지원팀)	66.5	농식품부(농산업정책과)
농식품 벤처창업 판로지원	① 온라인 판로지원 ② 오프라인 매장 제품 효응도 조사 및 판로지원 ③ 유통사 MD상담회, 품평회 등 판로지원	농식품 시제품, 서비스 보유 창업 7년 미만 농산업체	농업기술실용화재단(벤처창업지원팀)	8.6	농식품부(농산업정책과)

- 행사 · 네트워크 (6건)

사업명	지원내용	지원대상	전담(주관)기관	사업규모(억원)	소관 부처
농식품 창업 콘테스트(추가)	① 교육 및 멘토링 지원 ② 입상자 시상 및 상금 수여 ③ 입상자 후속지원 등	농식품 기술기반 (예비)창업자	농업기술 실용화재단(벤처창업지원팀)	12	농식품부(농산업정책과)
2020 환경창업대전	① 환경아이디어 공모 ② 환경창업동아리 지원 ③ 환경창업 스타트업 선발	전국민 및 창업 5년 미만 기업	한국환경 산업기술원(연구단지기획팀)	2	환경부(환경산업경제과)
도전! K-스타트업	① 경진대회 왕중왕전 수상자 대상 상금 상장 ② 통합본선 진출팀 대상 창업지원사업 연계 등 후속지원	국내·외 예비창업자 (팀) 및 창업 후 7년 이내인 기업	창업진흥원(교육문화부)	23.5	중기부(창업촉진과)
글로벌 스타트업 페스티벌	① 국내 스타트업 생태계 홍보와 글로벌 네트워크 구축을 통한 스케일업(투자유치, 해외진출)지원을 위한 글로벌 스타트업 페스티벌 개최	국내·외 스타트업 및 관계자(VC, 미디어, 정부 관계자, 지원단체 등)	창업진흥원(해외협력부)	25.5	중기부(창업정책총괄과)
장애인 창업아이템 경진대회	① 입상자 시상 및 포상	장애인 예비창업자 및 창업 3년 미만 장애인 기업	장애인기업 종합지원센터(사업전략팀)	0.55	중기부(소상공인혁신과)
여성창업 경진대회	① 입상자 시상 및 포상(최대 1천만원 이내) ② 창업보육실 입주 우대	여성 예비창업자 및 창업 5년 미만 기업	여성기업 종합지원센터(창업보육팀)	0.9	중기부(정책총괄과)

- 멘토링 · 컨설팅 (13건)

사업명	지원내용	지원대상	전담(주관)기관	사업규모(억원)	소관 부처
· 청년 등 협동조합 창업지원	① 협동조합 설립 및 초기 사업화 지원 ② 협동조합 맞춤형 컨설팅 ③ 시장조사, 시제품 개발 등 활동자금 지원	예비창업팀 협동조합	한국사회적 기업진흥원(설립지원팀)	15.2	기재부(협동조합과)
· K-Global 시큐리티 스타트업	① 정보보호 등 멘토링 지원 ② VC·대기업 등 대상 모의피칭, 데모데이 등 지원 ③ 정보보호 제품 CC인증 등 역량강화 교육 제공	창업 3년 이내 기업	한국인터넷진흥원(보안산업진흥팀)	1	과기정통부(정보보호산업과)
· K-Global 창업멘토링(ICT 혁신기술 멘토링)	① 벤처창업가·분야별 전문가 해결방안 멘토링 지원 ② ICT 선도기업 연계 비즈니스 미팅 제공 ③ 맞춤형 실전창업교육 지원	ICT분야 창업 7년 이내 기업	한국청년기업가 정신재단 (K-ICT창업 멘토링센터)	20	과기정통부(정보통신산업기반과)
· 농식품 벤처창업 센터 운영(추가)	① 농식품 창업 네트워크 지원 ② 역량강화 교육프로그램 운영	농식품분야 예비창업자 벤처·창업기업	농업기술실용화재단 (벤처창업지원팀)	33.2	농식품부(농산업정책과)
· 농식품 벤처창업 인턴제	① 현장실습 지원 ② 교육 및 멘토링 지원	농식품분야 만 39세 이하 예비창업자 상시근로자 3인 이상 및 매출액 1억 이상 벤처·창업기업	벤처기업협회(마케팅지원본부)	3.1	농식품부(농산업정책과)
· 농식품 크라우드 펀딩 활성화지원	① 크라우드펀딩 컨설팅 지원 ② 크라우드펀딩 수수료 지원	크라우드펀딩 희망 농식품 기업	농업정책보험금융원 (투자기획부)	6	농식품부(농산업정책과)
· 물산업 협력 스타트업 지원	① 테스트베드 제공 ② 기술분야 전문가멘토링, 정부 R&BD사업 연계 ③ 판로개척, IR 등 지원	물 관련 혁신기술 보유 중소·벤처기업	한국수자원공사(창업도약지원팀)	4	환경부(물산업협력과)
· 공간정보컨설팅	① 분야별(경영·세무·법률 등) 기초 교육 및 컨설팅 ② 비즈니스모델 개선 및 투자사 연계 지원	공간정보 기반 예비창업자 또는 초기 창업기업	공간정보 산업진흥원 (산업조사단)	0.35	국토부(공간정보진흥과)
· 공간정보 창업기업 전략캠프	① 투자유치 전략 강의 제공 ② 투자·비즈니스모델 등 컨설팅	LX공간드림센터 입주기업 및 공간정보산업진흥원 추천기업	공간정보 산업진흥원 (산업조사단)	0.3	국토부(공간정보진흥과)
· 여성벤처창업케어 프로그램	① 밀착 멘토링 지원	여성 예비창업자	한국여성 벤처협회 (정책사업팀)	5.4	중기부(벤처혁신정책과)
· 생활혁신형 창업지원	① 성공불 융자(최대2천만원) 지원 ② 성실실패시 상환 면제	소상공인 예비창업자	소상공인 시장진흥공단 (교육지원실)	6.4	중기부(소상공인지원과)
· IP 디딤돌 프로그램	① 아이디어 고도화·권리화 ② 컨설팅, IP후속지원	예비창업자	한국발명 진흥회 (지역지식 재산실)	36.6	특허청(지역산업재산과)
· IP 나래 프로그램	① IP기술·경영전략 지원	창업 7년 이내 기업 또는 전환창업 5년 이내 기업	한국발명 진흥회 (지역지식 재산실)	85.5	특허청(지역산업재산과)

사업명	지원 내용	지원 대상	주관기관	예산	소관부처
장애인기업 창업 보육실 운영	① 창업공간 등 제공 ② 교육, 컨설팅 등 제공	장애인 예비창업자 및 창업 3년 미만 장애인기업	장애인기업종합지원센터(지역육성팀)	6.5	중기부(소상공인정책과)
발달장애인 특화 사업장 구축	① 창업공간 등 제공 ② 교육, 컨설팅 등 제공	발달장애인과 발달장애인 가족으로 구성된 예비창업자	장애인기업종합지원센터(사업전략팀)	25	중기부(소상공인혁신과)
소셜벤처 육성	① 소셜벤처 BM재설계 등 액셀러레이팅 ② 창업공간, 네트워킹, 투자유치 연계 등 지원	소셜벤처 육성 희망 민간전문기관 및 창조경제혁신센터, 소셜벤처	기술보증기금(소셜벤처 가치평가센터)	17	중기부(벤처혁신정책과)
광주 스타트업 캠프	① 사업공간 입주 지원 ② 컨설팅, 보육 지원	예비창업자, 7년 미만 창업기업	광주전남지방 중소벤처기업청(창업벤처과)	35.5	중기부(창업정책총괄과)
코리아 스타트업 센터(KSC)	① 해외진출준비 지원 ② 해외 업무공간, 멘토링, 엑셀러레이팅, IR, 창업경진대회 참가, 현지 네트워킹, 마케팅·판로 개척 등 지원 ③ 투자유치, 현지 법인설립 등 후속지원	예비창업자, 7년 미만 창업기업	중소벤처기업진흥공단(글로벌사업처)창업진흥원(글로벌사업부)	80	중기부(해외시장총괄담당관)

2021년 정부의 창업지원 통합 공고 지원 규모는 1조 5,179억 원으로, 2020년 1조 4,517억 원 대비 662억 원 증가한 역대 최고치를 기록하였습니다. 정부의 창업지원 예산은 일자리 창출, 기술창업 활성화라는 정책적 중요성에 따라 매년 증가하고 있다.

특히 2021년 창업지원 통합 공고는 그간 중앙부처 중심에서 광역지자체까지 대상을 확대하였습니다. 2020년 16개 부처 90개 사업에서 2021년에는 32개 기관 194개 사업으로 통합 공고의 참여 기관과 대상 사업을 크게 증가하였다.

기관별로는 창업지원 계획을 살펴보면 중앙부처는 15개 부처에서 90개 사업 1조 4,368억 원을 지원할 계획입니다. 스타트업 육성 전담부처인 중기부가 40개 사업 1조 2,330억 원으로 가장 높은 비중을 차지하였고, 다음으로는 문화체육관광부 11개 사업 492억 원, 과학기술정보통신부 10개 사업 458억 원 순이다.

지역별 맞춤형 창업지원에는 서울시의 핀테크랩, 경기도의 크라우딩 펀딩 연계 스타트업 지원, 충남의 농촌 융복합 산업 창업 육성 등 104개 사업이 준비되어 있다.

지원 유형별로는 창업 사업화 지원 8,745억 원, 기술개발 지원 4,207억 원, 시설 및 보육 지원 1,080억 원, 창업교육 지원 828억 원 순입니다. 이 중 창업 사업화 지원 예산은 지원 규모의 절반 이상을 차지하고 있으며, 2021년 8,745억 원으로 2020년 7,315억 원에서 1,430억 원이 증가하였다.

창업 교육에 대한 예산도 증가하였는데 창업에 대한 인식 개선, 준비된 창업을 유도하기 위해 더욱 노력할 것입니다. 또한, 청년 창업자를 집중육성하기 위해 6개 중앙부처와 12개 시도에서 29개 사업 1,413억 원 규모의 프로그램을 지원할 예정이다.

나) 창업지원사업 추진의 문제점

첫째, 앞서 살펴본 바와 같이 다양한 창업지원사업이 여러 부처와 시·도에서 추진되고 있으나, 수요자 입장에서는 복잡·다기하고, 중앙부처 간, 중앙과 지방 정부 간 협조체제가 유기적으로 이루어지지 못함에 따라, 국가 전체적으로 창업지원사업 추진에 따른 비효율성이 발생할 수 있다고 할 수 있다.

둘째, 창업지원사업이 보다 큰 효과를 발휘하기 위한 지원사업 간 유기적 연계가 중요하나, 특히 사업추진 프로세스 간 연계가 미흡한 실정이라고 할 수 있다. 창업동아리 등 창업교육사업과 창업보육사업, 창업 이후 멘토링·컨설팅사업, 정책자금 지원사업 간 연계가 원활하게 이루어지지 못하는 측면이 있다.

특히 대부분의 창업기업들은 기업경험 부족 등으로 멘토링·컨설팅 지원을 필요로 하고 있으나, 창업기업 성장단계에 부응한 멘토링·컨설팅의 연계 지원이 미흡하다는 문제점이 지적되고 있다.

셋째, 창업지원사업 추진에 따른 실효성 제고를 위해서는 수요자 지향적으로 사업을 추진해야 하나, 많은 사업들이 공급자 위주로 추진되는 경향이 있다. 창업교육의 경우, 선진국에서는 Maker 창업(Learning by Making)이 대세를 이루고 있음에 비해, 우리나라는 주입식·성공기업가 사례 강의 중심의 창업교육이 이루어지고 있다.

창업정책자금의 경우, 투융자복합금융 및 투자연계형 보증에 대한 수요가 증가하고 있음에도 불구하고 융자(보증) 위주의 지원이 이루어지고 있다. 기술창업을 활성화하기 위해서는 산업단지 소재 대·중소기업에서 스핀오프(Spin-off) 방식의 창업 촉진을 위한 BI(Business Incubator) 확충이 필요하나, 여전히 대학 중심으로 BI가 운영되고 있다.

넷째, 창업지원사업들이 효율적으로 추진되고 고용창출 등의 성과를 발휘할 수 있도록 하기 위해서는 관련 지원사업 추진에 따른 평가 및 모니터링, 그리고 피드백 기능이 제대로 이루어져야한다. 그러나 수많은 창업지원사업이 경쟁적으로 추진됨에 비해 정책평가가 제대로 이행되지 못하는 실정이다. 해당 부처별로 창업 관련 지원사업을 평가하고 있으나, 전문성을 갖고 객관적·합리적으로 평가하여 개선책을 제시하지 못할 뿐만 아니라 모니터링 기능도 제대도 작동하지 못하고 있는 실정이다.

정부는 청년창업을 권장하며 창업자금 지원부터 각종 교육과 멘토링 제공 등 다양한 정책을 펼치고 있다. 하지만 이러한 프로그램의 실효성은 제대로 검증되지 않았다. 정부의 청년창업

지원 프로그램에 참가 중인 예비 창업자는 "몇 번의 시도 끝에 정부의 창업지원 사업에 합격했다. 합격하면 지원금을 받을 수 있기 때문에 계속해서 지원했다"면서 "정부사업은 지원금을 받는 것 외에는 크게 도움되는 게 없다. 필수교육 등이 있지만 대부분이 자리만 채울 뿐 제대로 교육에 참여하지 않는다"고 말했다.

양현봉 산업연구원 선임연구위원은 "정부가 지난 10년 이상 청년창업에 예산을 투입하고 있지만 그만큼 성과가 나오지 않는다."면서 "청년을 타깃으로 하는 정책을 강조할 게 아니라 실질 성과를 낼 수 있는 방향으로 가야 한다. 보여주기식 정책이 많다"고 지적했다. 그는 "일례로 정부의 창업강좌가 1만 개 이상이라고 홍보하는데 이런 강좌들이 실효성이 있는지 의문이다. 정책을 만드는 일도 중요하지만 정책이 실효성 있는지 점검할 필요가 있다"고 설명했다.

정부의 창업지원 예산이 한쪽으로 쏠려 있다는 점도 지적된다. 한국과학기술기획평가원 부연구위원은 "정부 창업예산 중 상당수가 예비·초기 창업 단계에 집중돼 있다. 사업의 숫자나 예산 등에서 큰 차이를 보인다. 다른 단계의 지원을 조금씩 강화하려는 움직임이 있지만 아직 부족한 점이 많다"고 분석했다.

창업 3~7년 차는 창업가들 사이에서 '죽음의 계곡'이라 불릴 정도로 힘든 시기로 꼽힌다. 한 청년사업가는 "창업 1년 후까지의 성과를 갖고 인정받기는 힘들다. 대부분의 창업가들이 3년을 넘기는 게 고비라고 말한다. 그 시기에 도움을 받을 수 있다면 사업이 안정적으로 지속될 수 있는데, 그게 어려워 폐업하는 경우가 상당히 많다"고 말했다.

신 부연구위원은 정부의 창업지원 예산이 초기에 집중된 이유를 단기적 성과에 치중하기 때문이라고 설명했다. 그는 "성과를 빨리 보여주려다 보니 단기간에 결과가 나오는 투자에 집중했다"며 "때문에 기술력이 높고 지속적 투자가 필요한 분야보다는 간단한 아이디어로 반짝 성과를 낼 수 있는 사업에 대한 투자가 많다. 이 경우 성과가 빨리 나올 수 있지만 반대로 실패도 빠르다"고 설명했다.[29]

3) 창업정책의 실효성 제고 방안

일자리 창출이 중요한 국정과제로 부각되면서 중앙정부뿐만 아니라 지방정부에서도 창업 촉진을 위해 다양한 지원사업을 마련하여 추진해오고 있다. 향후 창업정책 추진을 위한 재정지원은 단기적으로는 창업의 저변 확충 및 창업활성화에 기여하고, 중장기적으로는 질 좋은 일자리 창출과 지식기술기반산업 중심의 국내 산업구조 개편에 부응할 수 있는 방향으로 설정되어야 할 것이다.

이를 위한 창업정책의 실효성 제고 방향은 선순환 창업생태계가 조성되도록 하되, 몇 가지 방향성을 갖고 추진해야 할 것이다. 첫째, 창업기업에 대한 직접적 재정지원 위주 정책에서 창업인프라 확충, 민간 부문의 활력(액셀러레이터 등) 도입 등을 통한 창업생태계 조성을 통해

---

29) 1조 원 쏟아부어도 청년창업은 제자리, 왜?/비즈한국

창업기업의 자생력을 높일 수 있도록 해야· 한다. 정부 주도의 공급자 중심 창업지원에서 향후에는 창업환경 조성 및 창업기업 수요에 부응한 정책으로 전
환할 필요가 있다.

둘째, 창업지원에 따른 효율성·효과성이 제고될 수 있는 제도적 장치를 구축하는 데에 역점을 두어야 할 것이다. 창업정책에 대한 체계적인 계획(수립)·추진·평가 시스템 구축과 함께 부처 간,중앙·지방정부 간 창업지원사업의 연계 강화 등을 통해 창업정책의 실효성이 제고될 수 있도록할 필요가 있다.

셋째, 고비용(High cost)-고위험(High risk) 창업에서 향후 저비용(Low cost)-저위험(Low risk) 창업이 이루어지도록 함과 아울러, 지식·기술창업 촉진을 위해 청년창업과 함께 대·중소기업發 스핀오프(Spin-off) 창업이 활성화될 수 있도록 해야 할 것이다.

청년창업의 성장을 위해서는 장기적인 시각에서의 지원이 필요하다. 전문가들은 기업가정신을 갖춘 창업가 양성을 위한 교육 투자를 강조했다. 양현봉 선임연구위원은 "청년창업은 정부가 예산을 쏟는다고 하루아침에 살아나는 게 아니다. 미국은 창업자 평균 연령이 42~43세다. 이미 오랜 경력이 쌓인 후 창업하니 실패율이 낮다"라며 "반면 우리나라는 취업이 안 되니 창업을 하라고 권장하는데 제대로 된 기술이나 비즈니스 모델을 찾지 못한다. 기업가 마인드를 키워줄 교육이 필요한데 이건 초등학교 때부터 꾸준히 키워줘야 할 부분이다"라고 조언했다.

신 부연구위원도 "창업을 쉽게 할 수 있도록 다양한 제도가 마련된 건 긍정적으로 평가할 부분이지만 이는 망하기도 쉽다는 걸 의미한다. 청년창업가가 스스로의 역량을 키우는 게 가장 중요하고 그 후에 금융적 지원 등이 따라가야 한다."면서 "이를 위해서는 학교의 커리큘럼부터 개선돼야 하며, 기업가정신을 키울 수 있는 교육 등도 학교나 정부, 외부기관 등에서 제공해야 한다"고 말했다.[30]

최고의 창업정책은 규제개혁이다. 정부의 각종 자금지원, 멘토링, 행정 및 공간 지원도 규제개혁에 비견될 수 없다. 국회는 입법과정에서 불필요한 규제를 양산하는 것은 아닌지 돌아봐야 한다. 정부도 시행령 등을 통해 각종 규제를 만들거나 사실상 법규나 다름없는 가이드라인을 남발하는 탁상행정을 멈춰야 한다. 말로만 네거티브 규제를 강조할 것이 아니라 정부와 정치권의 철학이 바뀌어야 우리 스타트업의 미래를 밝힐 수 있다.

---

30) 1조 원 쏟아부어도 청년창업은 제자리, 왜?/비즈한국

06

성공사례

6. 성공사례

가. 무자본 창업의 성공사례

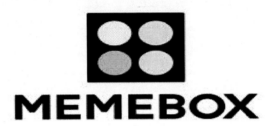

그림 63 브랜드 '미미박스'.

바로 "Memebox"입니다. 현재 화장품/뷰티업계에서 굉장히 Hot한 회사입니다.   회사는 사무실 보증금 몇 백 만원 외에 돈 없이 시작했습니다. 사실 그것도 없어도 됐지만 회사원 출신 4명이었고 사무실은 필요하기에 일할 수 있는 허름한 곳을 얻었다고 합니다.
미미박스는 초기에 "회사들의 샘플을 모아서 핑크박스로 상품화하여 정기 구독서비스로 화장품을 팔자" 는 컨셉으로 창업을 시작했습니다. 이들이 처음 창업을 하고 했던 일은 무엇일까요? 홈페이지를 만든다? 전단지를 만든다? 정답은 "세일즈"였습니다.

공동창업자 포함 4명이 항상 정장을 입고 아침부터 저녁시간까지 샘플을 제공해줄 수 있는 화장품 대/중견/중소 기업들의 담당자들을 만나서 10장내외의 간단한 사업소개서와 함께 세일즈를 한거죠. 쉽게 말해서 업력 없이, 제품 없이 "나 이런 사업 할건데 물건 주시오"우긴거죠.

남들이 보면 미쳤다고 생각하겠지만 그들은 확신이 있었고 실제로 대기업에서 물건을 1000개 이상 받아 판매를 했고, 첫달 만에 손익분기점을 달성합니다. (손익분기점 = 투자한 비용만큼의 이익을 달성하는 시점)

미미박스의 대표는 "화장품업계의 봉이 김선달이다"라는 별명을 얻으며 혜성처럼 스타트업계에 등장하여 현재까지 엄청난 성공가도를 달리고 있습니다.

"내 서비스를 팔아야해" "좋은 제품을 위해선 좋은 회사의 화장품을 얻어와야해"
세일즈에 중심을 두고 처음부터 움직였던 것이
이 회사가 다른 회사와 다를 수 있었던
차별점입니다.31)

나. 버킷리스트 유투버 32)

아직 젊은 나이지만, 하고 싶은 것들을 많이 해본 '황 팀장의 버킷리스트'라는 유튜브 채널을 운영하고 있는 그녀는 청년창업 성공사례 이야기의 주인공이다.

그림 64 '황팀장의 버킷리스트를
운영하는 황채영 씨

1) 인터뷰

Q. 본인 소개 부탁드릴게요

---

31) 무자본 창업의 성공사례|작성자 Ted Hong
32) [출처] 청년창업 성공사례 버킷리스트 유튜버|작성자 대한민국 정책기자단

A. 안녕하세요! 건국대학교 의생명화학과 4학년에 재학 중이며, 유튜브 '황 팀장의 버킷리스트' 채널을 운영하고 있는 황채영이라고 합니다.

저는 고등학교 때부터 발명을 했습니다. 발명을 하며 아이디어를 내고 제품을 만드는 것에 관심을 가지게 되었고, 자연스럽게 스타트업으로 이어지게 됐습니다.

발명을 계기로 청년창업에 대한 꿈을 키웠고, 대학생이 되어서 창업동아리 활동을 하며 기술, 서비스 분야를 가리지 않고 팀원들과 함께 다양한 아이디어를 냈습니다. 현재는 콘텐츠에 관심을 가지고 유튜브 채널을 운영하면서, 그동안의 경험을 바탕으로 현재 아이템 대한 사업화를 준비하고 있어요.

그림 65 성공사례 유투버.

Q. 언제부터 창업을 꿈꿨고, 또 시작하게 된 계기는 어떻게 되나요?

A. 7년 전 제가 고등학생이었을 적 이야기를 먼저 해야 할 것 같아요. 제가 졸업한 고등학교 에서는 매년 교내 발명대회를 시행했는데, 운 좋게도 2년 연속으로 수상을 하게 됐고, 고2 때 과학 선생님이 발명대회를(현 장영실 발명창업대전) 추천해주셨어요.

첫 발명대회 출전이었음에도 수상까지 하게 됐는데, 제가 무엇을 좋아하고, 무엇을 잘하는지 알려주는 계기가 됐습니다. 그렇게 발명을 통해 제 자신이 무언가 할 수 있는 존재라는 걸 느 끼게 됐고요.

발명에 푹 빠져 지속적으로 대회 출전했지만 혼자 진행하면서 아이디어가 아이디어로 끝나는 경우가 많았고, 현실화에 대한 어려움에 부딪쳤습니다. 그래서 청년창업의 길로 들어섰어요.

Q. 그동안 어떤 창업 아이템을 갖고 창업활동을 했나요?

A. 고등학교 때 발명했던 아이템들과 창업경진대회 참가만 했던 아이템을 제외하고, 크게 2가지 아이템이 있었어요.

첫 번째는, 중소기업청에서 주관한 2014 이공계 창업 꿈나무 지원 사업에 선정됐던 '태양광 충전 폰 케이스' 아이템입니다. 기존 태양광 충전 제품이 충전 선을 결합해 충전하는 형태라면, 제 아이템은 충전선을 케이스에 내장해, 케이스 장착 시 바로 충전되는 일체형 결합 형태의 태양광충전 제품으로 정부 지원 사업을 통해 시제품 제작까지 완료했고, 당시에 사업화과정까지 진행을 하진 못했지만 지원사업에 대한 개념과 제품화에 대한 경험을 쌓을 수 있었습니다.

두 번째는, 2015년 과일 배달 서비스 '한끼과일' 이라는 사업으로 학교 학생들과 교직원들 대상으로 과일을 주문하면 직접 배달해주는 서비스 사업이었습니다. 이 사업을 시작하기 전 어떤 스타트업 대표의 강연을 들었는데, 그 강연을 듣고 주변 환경과 상황을 고려해 아이디어를 떠올려 곧바로 '한끼과일' 서비스를 시작했습니다.

Q. 창업하면서 어려웠던 점은?

A. 고등학교 땐 혼자 발명 활동을 하면서 아이디어의 현실화에 대한 어려움에 많이 부딪쳤어요. 그렇게 아이템 개발에 대한 시행착오를 많이 겪었는데, 대학생이 되어 창업 동아리에 들어가 혼자가 아닌, 함께 할 수 있는 팀을 만나게 되면서 꿈에 가까워졌던 것 같습니다.

팀과 함께 2014 이공계 창업 꿈나무 지원 사업에 선정이 되면서, 함께한다면 작은 아이디어 하나도 제대로 만들 수 있다는 걸 배우게 되었습니다. 그렇게 창업 보육 센터에 입주하면서 사무실도 생기고, 많은 지원을 받게 되었어요.

하지만 영수증 처리부터 각종 서류작업과 알지 못하는 재무 용어들, 그리고 제일 중요한 아이템 개발까지 항상 화기애애할 것 같았던 팀원들도 불협화음이 날 수 있다는 걸 알았고, 그 당시에는 제 그릇으로 담기 힘든 것들에 지쳐버렸었던 것 같아요. 아이디어를 제품화시키긴 했지만, 성공의 끝이 행복이 아닐 수도 있다는 것, 성공과 행복이 다르다는 걸 알게 됐습니다.

자원 사업을 했을 때와 달리, 2015년 '한끼과일'을 하면서는 피식 웃음이 나올 만큼 재밌는 일들이 많았어요. 어느 날은 사무실에 필요한 기자재가 있지 않을까 쓰레기장을 뒤져보기도 하고, 자취방에 있는 냉장고를 사무실로 가져오려다 원룸 주인아주머니께도 혼나고, 학교의 모든 화장실 칸을 열어가면서 전단지를 붙이기도 했던 기억이 납니다.

사실 '한끼과일'에 대한 객관적인 결과를 말한다면 실패라고 생각해요. 손익분기점을 겨우 넘기만 했고, 투자한 노력과 시간에 비해 변변한 결과를 얻지는 못했습니다. 하지만 성공이라고 생각합니다. 수업시간에도 '한끼과일' 생각이 머릿속을 둥둥 떠다녔고 처음 발명을 만났을 때의 순간처럼 푹 빠져버렸거든요! 창업을 통해서 '과정'의 행복과 성공과 실패에 대한 기준이 무엇인지, 중요한 깨달음을 얻게 됐습니다.

Q. 창업 역량을 강화하기 위해 그동안 어떤 활동을 했나요?

A. 고등학교 때는 발명 활동을 하면서 아이디어 도출 연습을 많이 했어요. 대학생이 되고서 창업동아리를 통해 아이디어 도출뿐만 아니라, 창업경진대회 및 정부 지원 사업에 어떻게 참여해야 되는지 배웠고, 경영 관련 지식도 습득할 수 있었어요.

작년에는 제가 하고 싶은 일들로 채우고 싶었고, 제 꿈에 비해 재정비하는 시간을 가지고 싶어 1년 동안 휴학을 했어요. 휴학 기간 동안에 창업과 관련된 대외활동으로 중소기업청 기자단과 창조경제타운 기자단을 하였습니다. 기자단 활동으로 여러 스타트업 대표를 만나고, 그들의 스토리를 들을 수 있었어요. 창업에 관한 이야기를 들으면서, 성장할 수 있는 좋은 기회가 되었습니다. 스타트업 대표들과 인터뷰를 하면서 모두 자신이 좋아하는 일을 하고 있다는 것, 그리고 그들이 행복해한다는 공통점도 발견했어요.

Q. 창업하면서 어떤 게 가장 중요하다고 생각하세요?

A. 저는 '왜'가 가장 중요하다고 생각합니다. 왜 청년 창업을 하고 싶은 것일까, 내가 지금 이 일을 하는 이유는 무엇일까? 개인마다 원하는 바가 다르고 목표가 다르기 때문에, 창업이 꿈인 분들이라고 해도 왜에 대한 답은 다 다를 수 있다고 생각합니다. 그리고 스스로 내 마음속에 있는 이유를 알면, 나를 알게 되는 과정을 시작했다고 생각합니다.

살아가면서 창업이든 그 무엇이든 본인에게 답이 있지 않을까 생각합니다. 이유를 확실히 알고 있다면 어떠한 문제에 부딪치더라도, 잠시 흔들리는 상황이 와도, 다시 일어설 수 있지 않을까 싶습니다.

그림 66 성공사례 유투버.

Q. 현재는 어떤 창업 아이템으로 청년 창업 준비를 하고 있나요?

A. 원래 블로그를 운영하면서 글을 썼지만, 이젠 '영상'이라는 걸 만들어보고 싶다는 생각을 했고 작년에 휴학한 후 유튜브를 통해 '황 팀장의 버킷리스트'를 운영하게 되었습니다. 남들과는 다른, 새로운 장르의 나만의 콘텐츠를 만들고 싶어 저의 버킷리스트를 주제로 유튜브 채널을 운영하게 되었습니다.

이미 저는 몇 년 전부터 저만의 아이템이 있었으며 지금까지 계속 청년창업을 해왔고, 바로 제 아이템은 '버킷리스트'라는 답을 찾았습니다. 제 꿈의 목록이 곧 저의 아이템이자, 저의 콘텐츠였죠. 그래서 '버킷 리스터' 라는 저만의 직업을 만들 수 있었어요. 저의 버킷리스트를 통해 콘텐츠를 생산하고, 앞으로 그것을 제품화를 시키고, 더 나아가 플랫폼도 만드는 꿈을 갖고 있습니다. 특히 올해 하반기에 저의 이야기를 정리한 책을 출판할 계획도 가지고 있어요.

Q. 창업을 꿈꾸는 청년들에게 조언이나 도움이 되는 말씀 부탁드릴게요.

A. 본인이 '할 수밖에 없는 것'에 주목하면 된다고 생각해요. 이미 본인이 지금 하고 있는 것이며, 내가 자연스럽게 할 수 있는 것이 무엇인지를 우선 아는 게 중요한 것 같아요. 창업을 꿈꾸는 분들뿐만 아니라 모든 분들이 정말 즐겁고 재미있게 할 수밖에 없는 것에 주목한다면, 본인의 방향을 알 수 있는 힌트가 되지 않을까 생각합니다.

Q. 최근에 창업 관련 경진대회에 나가셨거나, 준비하는 것 있나요?

A. 현재는 창업경진대회보단 크리에이터 관련 활동을 위주로 참여하고 있어요.
최근에는 서울산업진흥원에서 주관하는 2017년 서울시-SBA 1인 미디어 창작그룹
'크리에이티브 포스' 크리에이터로 선정되어 내년 초까지 기업과 연계 콘텐츠 제작 지원 사업
을 진행하게 되었어요. 이처럼 앞으로 콘텐츠 관련 프로그램과 영상 공모전을 계속 참여할 계
획이고, 창업경진대회도 지속적으로 출전하면서 경험을 쌓을 것입니다.
최근에는 여성창업경진대회에 출전할 계획이어서 현재 서류 준비하고 있어요.

Q. 새 정부에 바라는 창업정책은?

A. 창업에 대한 전체 구성원들의 긍정적 인식이 중요한데 어릴 때부터 창업에
대하여 친근하게 생각하고 다가갈 수 있도록 초등학교 교육과정부터 고등학교 교육과정까지
창업에 관련된 활동과 아이들에게 영향을 줄 수 있는 선생님, 부모님 각자에게도
창업 교육이 이뤄질 수 있는, 유기적이며 체계적인 정책이 있었으면 좋겠어요.

Q. 최종 꿈은 무엇인가요?

A. 제가 청년 창업을 통해 결과보단 '과정', 성공보단 '행복'이라는 가치관과 방향을
배우게 된 것은 '사람'이 있었기 때문이라고 생각해요. 저를 발견해주신 고등학교
과학 선생님이 발명대회를 알려주지 않으셨다면, 저에게 관심을 가져주지 않으셨다면, 지금의
저와 크게 다른 사람이지 않았을까라는 생각이 들어요. 한 사람의
작은 관심이 다른 한 사람의 삶을 변화시킨다는 것을 배웠어요.

저에게 발명을 시작할 수 있게 알려주신 선생님처럼, 저도 다른 이들에게 '시작'의
계기가 될 수 있는 사람이 되고 싶어요. 제가 현재 콘텐츠를 만들고 창업을 하고 있지만, 저
는 사람을 배우는 과정이라고 생각하며 앞으로도 그렇게 살아가고 싶어요.

다. 삼채총각 이야기[33]

- 도서 : 삼채총각 이야기 중에서 -
- 스물여덟 창농 CEO 김선영씨의 팜 비즈니스 스토리

나는 스스로를 삼채총각이라고 규정했다. '삼채'라는 농작물은 달고 쓰고 맵다고 해서 '삼채'라고 불린다.
파와 마늘과 부추를 합쳐놓은 맛이 나면서도 쉽게 조리할 수 있다는 장점을 가지고 있다.
우리나라에서 재배하기 시작한 지는 몇 년 되지 않았지만 다양한 요리에 곁들일 수 있기 때문에 성장 가능성이 높은 작물이다.

농촌으로 간다고 했을 때, 모두 내게 꿈이 소박하다고 했다. 하지만 내가 꾸는 꿈은 절대 소박하지 않다. 넓은 삼채농장 뒤로 보이는 작고 허름한 집. 마당에서 강아지와 닭들이 밤낮없이 울고 있는 그곳에서 나는 누구보다 큰 꿈을 꾼다.
닭들을 보면서 '시끄럽다'는 생각을 하는 대신 '어떻게 하면 삼채가루를 첨가해서 건강한 양계 사료를 계발할 수 있을까?' 고민하고, '어떻게 하면 삼채삼계탕을 내세운 외식업을 개발할 수 있을까?' 생각한다.
어떻게 하면 농촌을 알리고, 그곳에서 작물의 생산과 가공, 관광서비스를 연계한 한국에서 가장 멋진 '농가형 체험단지'를 만들 수 있을까 고민한다.

그림 67 성공사례 삼채총각 이야기.

대한민국에 삼채라는 채소를 더 널리 알리는 남자. 건강한 먹거리를 기르고 그것을 더 많은 사람에게 전달하는 사람. 나는 요즘도 매일 고민한다. 삼채로 무엇을 할 수 있을지 어떻게 유통할 수 있을지. 그리고 농업과 관광을 어떻게 하면 조화롭게 연결할 수 있을지.

---

33) [출처] 청년창업성공사례 : 삼채총각이야기|작성자 라온복

다양한 강의도 듣고 해외 사례도 열심히 공부하고 농업 선진국인 네덜란드와 일본도 자세 하게 관찰하고 있다.

그 과정에서 알게 된 것은 이미 세계는 농업을 하나의 농업으로만 보지 않고 있다는 사실이다. 이제 농업은 하나의 복합적인 산 업이고, 비즈니스다.

나 역시 이런 흐름에 발맞추어 농업을 틀에 가두지 않고 그 영 역을 넓혀가고 싶다. 그날 생산한 농산물로 즉시 요리해 먹고, 건강 한 음식, 휴식을 취할 수 있는 공간과 더불어 치유가 될 수 있는 그런 복합적인 공간을 만들고 싶다

기존의 농업을 기존의 시선으로 보고 싶지 않고 새로운 시선으로 접근하고 싶다.
농업에 새로운 문화를 입히고 싶다

그것을 위해서 실질적으로 투자처를 알아보고, 벤처캐피털 VC들과 미팅도 하고 있다.
며칠 전에는, 농림축산식품부에서 선정하는 '농촌융복합 산업 사업자'에 선정되었다.
이렇게 조금씩 나는 내가 그려놓은 복합 산업체의 꿈에 다가가고 있다.

그림 68 성공사례 삼채총각 이야기.

사람들은 여전히 농업을 촌스럽다고 생각한다. 하지만 나는 도시의 젊은이들이 농촌에서,
농업이라는 큰 분야에서 꿈을 펼칠 기회가 더 많아졌으면 좋겠다.
더 많은 청년이 농촌에 들어와 농업을 살리고, 궁극적으로 에너지 넘치는 농촌을 만들어갔으면 좋겠다.

젊은 에너지가 없다면 농촌은 더는 발전하기 힘들다. 청년농사꾼들 의 존재가 어느 때보다 절실하다

"어떤 말을 만 번 이상 되풀이하면 반드시 그 일이 이루어진다"

처음 농업에 뛰어들었을 때, 사람들 앞에서 강의하게 될 거라고는 꿈에도 생각지 못했다. 물론 누구나 경험을 충분히 쌓거나 혹은 한 분야에서 성공을 거두고 난 후에는,
한 번쯤 자신의 이야기를 사람들 앞에서 하고 싶어질 거라고 생각했다.
나 역시 강의를 하고 싶다는 바람을 꿈 리스트에 적어놓고, 되새기며 강의하는 내 모습을 떠올리기도 했다.
바쁜 시간을 쪼개 내 이야기를 들으러 오는 사람들을 실제로 만나면 얼마나 행복할지 생각하기도 했다.
하지만 그것이 진짜 이루어질 것이라고는 감히 상상도 하지 못했다.

그림 69 공사례 삼채총각 이야기

미치면 미친다고 했던가. 초보 농사꾼이었던 나는 이제 강의를 하러 서울에 가곤 한다.
군대에서 조교를 맡았을 때를 제외하고는 많은 사람 앞에 서는 것은 처음 있는 일이었다.
여기저기 방송에 나간 후로, 얼마 지나지 않아 한 회사로부터 강의 제안이 들어왔다. 농업에 관심이 많은 예비 창업인들을 위한 강의를 계획하고 있는데 나의 이야기가 궁금하다는 것이다.
호주에 서 유학생활을 하다 어떻게 농업에 뛰어들게 됐는지, 어떤 일들을 겪었는지, 그리고 농사를 시작할 때 어떻게 접근하면 좋은지에 관해 알려달라는 것이었다.

나는 석사도 아니고 박사도 아니다. 꿈을 품고 유학을 떠났지만 다른 꿈을 위해
배움의 길을 접고 농촌으로 들어갔다. 그랬던 나인데 강의를 하게 된 것이다. 특강 형식이었지만 내게는 가슴 뛰는 특별한 경험이었다. 책으로 배운 지식이 아닌, 내가 직접 느끼고 경험하고 도전했던 일들을 그것이 필요한 사람들에게 전달한다는 게 너무 행복하다.

인생에서 가장 감동적인 순간은, 누구도 알아채지 못한 기회를 처음으로 발견한 때라고 했던가.

농업도 산업이다. 생각을 조금만 바꾼다면, 편견을 깰 용기만 있다면 이곳은 아직 아무도 눈여겨보지 않은 커다란 기회의 땅이 될 수 있다.

앞날이 보이지 않는 순간에도 매일 조금씩 성장하고, 조금씩이나마 매일 더 괜찮은 곳으로 가는 사람으로 살아가고 싶다. 그 목표를 위해서 나는, 오늘도 묵묵히 삼채를 심고 있다.

라. 스마트 생리컵 '룬랩' 34)

LOONLAB

그림 70 성공사례 룬랩.

- 룬랩이란?
2016년 2월 설립된 스타트업(신생 벤처기업)으로써,인류 절반의 일생 절반이 매달 겪는 생리를 위한 기술을 개발하고 있다. 세계최초 스마트 생리컵을 개발하여 현재 룬컵은 미국 '포춘', 영국 '텔레그래프' 등 전 세계 주요 미디어 100여 곳에 소개되는등 뜨거운 관심을 받고 있다. 아무도 생각하지 못했던 여성 생리용품의 '스마트화'는 헬스케어업계의 혁신으로 평가된다고 한다.

- 스마트 생리컵(룬컵)이란?

---

34) [출처] 청년 창업성공사례! 스마트 생리컵이란?|작성자 케빈

그림 71 성공사례 생리대 룬컵.

국내에서는 다소 생소한 물건인 생리컵은 탐폰과 같은 체내 삽입형 생리용품이다.
일회용인 탐폰과 달리 재사용이 가능하다.
룬컵은 기존의 생리컵에 다양한 센서와 통신모듈을 탑재한 스마트 생리컵으로, 탑재된 볼륨 센서는 혈량을 측정해 생리컵을 비우는 시기를 사용자에게 안내하고 생리 혈량, 혈색, 주기 등을 측정해 스마트폰에 자동으로 기록한다. 말하자면 '똑똑한' 생리컵이다

- 요즘 창업이 말처럼 쉽지 않은데 어렵진 않았나?

사실 황룡대표는 이번이 처음 창업하는것이 아니다. 황 대표에게는 룬랩이 두 번째 사업이다.
그는 대학 시절 이미 한 차례 창업에 도전한 경험이 있다.
그는 2009년, 온라인 음악 서비스 회사(사이러스)를 만들었었다. 개인이 저작권을 증권처럼 관리하고 거래할 수 있는 시대가 오리라 확신해 저작권협회에 등록되지 않은 인디 뮤지션들을 대상으로 하는 인디음악서비스를 만들있으나, 첫 창업은 기대만큼 결실을 거두지 못했다.
그게 불과 룬랩창업 2년 전의 일이다.

- 어떤계기로 생리컵을 아이템으로 창업을 할 생각을 하셨나요?

그의 첫 시작은 헬스케어 사업이었다.
황 대표는 미래 유망 분야인 헬스케어 사업을 뼈대로 잡고 여성 관련 제품으로 영역을 좁혔다.
그는 "기존의 스마트 시장에는 남성 위주의 제품이 많아요. 피트니스 밴드나 스마트 워치 등

은 얼리어답터 성향을 가진 남성 소비자를 주 타깃으로 하고 있죠. 그러나 저는 여성의 니즈가 더 클 거라고 생각했어요. 주기적으로 건강 정보를 얻을 수 있는 게 뭘까 고민하다 생리를 떠올렸고, 관련 아이템을 찾아보다가 외국에서는 많이 사용되는 생리컵의 존재를 알게 됐어요." 라고 말하였다.

그림 72 성공사례 룬컵.

- 해외 반응은 어떠한가?

우리나라와 달리 미국이나 유럽에서는 탐폰 사용률이 50% 이상이다.
그와 유사한 생리컵 역시 사용률이 꽤높은 편이다.
특히 황 대표는 사용자들의 반응에 주목했다고 말한다.
"외국에서는 생리컵을 써본 사람들의 반응이 좋다, 나쁘다 정도가 아니라 '내 인생은 생리컵을 알게 된 이후와 이전으로 나뉜다'고 할 만큼 만족도가 높다. 이 말도 안 되게 생긴 제품이 인생을 바꿔놓을 만큼 놀랍다니 관심 갖지 않을 수없었다." 라고 황대표는 말했다.

- 아직 국내에서는 생리컵에 대해 낯설어하는 분들이 많은데, 국내기업 분위기는 어떤가?

생각과는 달리, 룬컵의 미래 가치를 인정하고 투자를 결정한 국내 기업도 있다고 한다.
룬랩의 비전에 가장 먼저 관심을 가져준 기업은 SK텔레콤이라고 한다.
SK텔레콤의 생활가치 플랫폼을 만들고 있는 티-밸리(T-Valley)는
아이디어 초기부터 지금까지 사업 개발에 많은 도움을 주고 있다.
그리고 룬랩은 정부의 다양한 창업 지원제도도 이용하고 있다고한다.

- 미래에 창업을 꿈꾸는 청년들을 위해 해주고 싶은 말은?

예전에는 창업하면 괴짜 소리를 들었고 스타트업이라는 단어조차 없었다. 지금은 전체적으로 창업 분위기가 형성돼 있다. 창업을 준비하던 저는 대학에서어떤 지원이나 도움을 받지 못해 결국 자퇴를 결심했지만, 지금은 대학이든 정부든 다양한 창업 기회를 제공하고 있어 젊은 창업가들에게 좋은 여건이 마련된 것 같다."
"'가장 위험한 것이 가장 안전한 것이다'라는 세스 고딘(마케팅 천재로 불리는 작가이자 기업인)의 유명한 말이 있다. 나를 움직이게 한원동력이 그 문장에 담겨 있다. 대부분의 사람들이 위험은 무조건 회피하고 기피해야 한다고 생각하지만, 위험을 회피와 기피가 아닌 관리의 대상이라고 생각하면 선택지는 많아진다. 생각을 조금만 달리하면 더 많은 기회를 잡을 수 있다." 라고 그는 말했다.

마. 새집증후군 1위업체 '반딧불이' [35]

그림 73 무점포 창업 성공사례 '반딧불이'

---

35) 참조 : 반딧불이 블로그

1) '반딧불이' 사업이란?

실내환경 지킴이

그림 74 성공사례 '반딧불이'

- 시공개념
반딧불이는 실내공기 중에 부유하고 있는 화학적 독성물질과 병원성 세균물질을 제거하여 나날이 증가하는 환경원인 질병-아토피, 폐암, 백혈병, 신경질환,등등-을 예방/자연치유 서비스를 제공하는 세계 최초의 실내환경 전문 브랜드이다.

- 창업개념
반딧불이는 무점포 1인 창업으로 창업 실패의 대표적 원인인 고정 비용[임대료+인건비] 부담이 없고 투자 위험률을 최소화하였으며 가맹점의 매출 이익율을 최대화했다.

2) 1인 무점포 창업으로 청년창업 성공사례 인터뷰

Q. 안녕하세요. 자기소개 부탁드립니다.
A. 네 안녕하세요. 반딧불이 용인수지점 조상우대표입니다.

Q. 대표님께서는 반딧불이 하시기 전에 어떤일을 하셨나요?
A. 저는 웹마스터를 전공하고 6년간 식품 무역회사에서 근무했었습니다.

Q. 그러셨군요! 그럼 반딧불이를 어떻게 알고 시작하게 되셨나요?
A. 반딧불이는 지인 소개로 알게되었고 약 1개월간 시장조사를 했습니다.
회사를 그만두고 재취업을 할지 창업을 해야할지 고민하던 중에 반딧불이가 경쟁업체와 차별화가 되어있는 것 같아서 창업을 결정했습니다.

Q. 그러셨군요. 그렇다면 대표님께서는 반딧불이의 어떤부분에 신뢰아 확신을 느끼셨나요?

A. 영업방식이 전공과 연관성이 있어서 자신이 생겼구요.

인터넷으로 여러 자료를 보면서 환경산업이 높은 비전을 가지고 있음을 느끼고 확신이 들었습니다.

Q. 그러셨군요. 환경사업은 정말 이시대에 꼭 필요한 사업중의 하나인 것 같아요.

A. 맞습니다. 앞으로 꼭 필요한 유망직종이고 반딧불이는 이미 10년간의 서비스로 검증받은 회사니까 더 신뢰가 가죠.

Q. 오픈을 하신 후에 생각보다 어려움도 많이 있으셨을 것 같아요.

대표님께서는 반딧불이 창업하신 후로 어떤 힘든 점이나 반딧불이를 선택하길 잘했다라고 생각이 드실때는 언제이신가요?

A. 힘들다고 느낀적은 없구요, 반딧불이 서비스를 받고 만족도과 실내환경의 유해물질등으로 인한 걱정을 느끼지 않으실 때 만족감을 느낍니다.

Q. 대표님만의 영업노하우는 어떤게 있을까요?

A. 모든 가맹점의 공정이 동일하지만 항상 내 집을 시공하는 마음으로 보여주는 진실성과 시공 외의 문제가 될만한 점을 짚어주는 것입니다.

Q. 대표님께 반딧불이는 어떤의미인가요?

A. 내가 마지막까지 공부하고 발전하며 할 수있는입니다.

Q. 마지막으로 앞으로의 계획이나 포부를 말씀해주세요.

A. 한쪽으로 치우지지 않은 여러분야의 환경문제를 해결하는 것입니다.

바. 자전거 대여(전기자전거. 사이클)라이클.

1) '라이클' 소개

라이클은 자전거 매장과 개인들로부터 자전거를 빌릴 수 있는 자전거 셰어링 플랫폼 서비스입니다. 어플을 통해 원하는 지역에서 원하는 자전거를 간편하게 예약하고 빌릴 수 있는 서비1스를 제공하고 있습니다. 자전거 매장 또는 개인들이 가진 자전거를 빌려주기 때문에 다양한 종류의 고급 자전거들을 이용해볼 수 있습니다.

라이클의 특징, 일반 공유 자전거 서비스와 무엇이 다를까!

① 서비스를 제공하는 방식 자체가 다르다

따릉이 같은 공공자전거나 공유자전거(모바이크)들은 자전거 회사에서 직접 자전거를 만들어 렌탈해주는 방식이지만, 라이클은 회사가 직접 대여해주는 것이 아닌, 개인 또는 매장의 자전 거들을 빌릴 수 있도록 연결해주는 공유 플랫폼 서비스입니다.

공유자전거 회사에 경우에는 수익이 오로지 회사에 가지만, 라이클에 경우에는 개인 또는 자 전거 매장들과 수익을 분배하기 때문에 지역경제 활성화에도 도움이 되죠.

② 최고급 자전거 시승 가능

공공자전거, 공유자전거는 오로지 한가지 자전거만 이용할 수 있습니다. 또한 가장 보편적으 로 이용되는 특성상 아주 기본적인 사양의 보급형 자전거만 이용할 수 있습니다. 하지만 라이 클에 경우에는 전기자전거를 비롯해 성능이 뛰어난 다양한 고급 자전거들을 이용할 수 있는데 요. 특히 로드싸이클이나 MTB와 같은 전문 레저용 자전거들을 아주 합리적인 가격에 빌릴 수 있습니다.

그림 75 방배동에 위치한 피에디트 내 라이클 자전거 대여 서비스

2) 피에디트: 자전거 복합 문화공간 소개

주소 : 서울 서초구 방배로33길 29 한신트리플 B1
연락처 : 1644-3073
http://www.pedit.co.kr

피에디트는 라이클에서 직접 운영하는 라이클 브랜드 스토어입니다. 라이클 브랜드 스토어에 선 전기자전거, 로드싸이클, 팻바이크, 미니벨로, 다양한 종류의 자전거들을 경험할 수 있습니 다. 또한 일반 개인들의 집에서 잠자는 자전거를 라인클 브랜드 스토어에 대신 맡아 셰어링

(대여)을 해드리고 있습니다. 자전거 대여를 비롯해 프리미엄 스팀 자전거 세차 서비스, 자전거 및 용품 판매, 자전거 문화 강연 등을 제공하고 있습니다.

그림 76 피에디트 자전거 복합 문화공간

3) 인터뷰

그림 77 성공사례 라이클대여 김백범씨 인터뷰.

- 자전거 대여(자전거 공유 셰어링)를 하게 된 계기

4년 전 부여에서 여행을 하다가 우연히 공공자전거를 이용했는데, 그 당시 공공자전거는 처음 접했기 때문에 너무 신기해서 이용을 하게 됐습니다. 자전거를 타며, 충남 부여 이곳저곳을 돌아다니려 했지만 공공자전거는 너무 무겁고 불편했습니다. 여행을 마치고 그 불편했던 느낌이 생각나, 공공자전거에 대해 알아보니 저처럼 공공자전거에 불편함을 느끼는 사람들이 많다는 것을 알게 됐습니다. 게다가 공공자전거를 위해 엄청나게 많은 예산(세금)이 필요하며, 자전거 1대당 약 100만원 정도 필요하단 사실도요. 집에서 타는 자전거들은 훨씬 편한데, 왜 이 비싼 세금을 내고 공공자전거를 타야 할까라는 의문점이 생겼습니다.

같이 사업을 시작한 정다움 공동대표와는 대학 때부터 알고 지낸 사이인데, 우연히 자전거와 관련된 이야기를 하게 됐어요. 그런데 정다움 대표도 비슷하면서 약간 다른 경험을 했던 것이었습니다.   정다움 대표는 친구와 자전거로 국토종주를 계획했는데, 자전거를 막상 빌리려고 하니 빌릴 곳이 마땅치 않은 것이었습니다.
대여소에서 빌려주는 자전거들은 국토종주를 하기엔 너무 상태가 좋지 않았기 때문이죠. 그래서 자전거를 빌리려고 화성에서 팔당까지 약 3시간 거리를 찾아갔어야 됐습니다. 여행할 자전거 하나 빌리는데 3시간이나 떨어진 지역에 가야 된다는 것은 말이 안 되는 거죠.
우리 둘은 기존 자전거 대여 서비스의 문제점에 대해 깊이 공감하였고, 지금의 라이클과 같이 다양하면서 고품질의 자전거들을 빌릴 수 있는 서비스의 필요성을 절감했습니다. 생각해보니,' 우리 집에도 사놓고 잘 안 타는 자전거가 2대나 있는데 이 자전거를 공유하면 되겠구나' 싶어, 개인 가정과 자전거 매장에서 자전거를 공유할 수 있는 지금의 서비스를 생각하게 됐습니다.

- 청년 스타트업의 혜택 : 2018 공유기업 발굴 육성 사업으로 선정

우리나라에는 청년들이 사업을 시작할 수 있도록 여러 가지 지원을 하고 있습니다. 특히 반드시 필요한 자금을 지원해주는 지원 사업들이 다양한 형태로 나오고 있고요. 적게는 2~3천만원에서 많이는 1억까지 사업의 단계와 규모에 따라 지원 사업이 많으니 사업을 꿈꾸는 청년이라면 한 번 도전해보세요! 이 외에도 4대 보험이나 법인세 감면 등 실질적인 혜택들을 정부에서 제공하고 있습니다.

라이클도 이러한 지원 사업에 참여하면서 많은 혜택을 받았는데요. 최근에는 경기도청에서 주최한 경기도 공유경제 기업 발굴 육성 사업 오디션에서 가장 우수한 성적으로 입상해 적지 않은 자금 지원을 받았습니다.
생각보다 꽤 많은 공유경제 기업들이 참가해 치열한 경쟁을 했는데요. 다행히 심사위원님들이 저희 사업에 대해 좋게 평가해주셔서 좋은 결과를 얻었습니다. 이러한 기회를 통해 MBC 생방송 오늘 저녁은 등 공중파에도 소개되어 많은 사람들에게 알리게 된 계기가 되었습니다.

그림 78 성공사례. 라이클

- 라이클'과 현재 MOU 제휴 자전거 샵 및 업체는?

현재 약 80개 넘는 자전거 매장들이 제휴되어 있습니다. 주로 전기자전거와 로드싸이클이 많은 편이며, 서울/경인/부산/제주 등 지역에 매장들이 많이 등록돼 있습니다. 이 외에도 전국에 있는 다양한 지역들의 매장들과 제휴했습니다.

또한 이마트에는 엠라운지라고 하여 스마트 모빌리티만 전문적으로 다루는 편집 샵이 있는데, 엠라운지가 있는 지점에서 전기자전거를 아주 저렴(1시간 3~4천원, 1일 15,000~20,000원)하게 이용할 수 있도록 이마트 본사와 제휴를 체결했습니다. 현재 전국 8개 이마트 지점이 등록돼 있고, 점차적으로 라이클에 등록되고 있는 단계입니다.

그뿐 아니라, 자전거 브랜드를 홍보하고 싶어 하는 다양한 제조사 및 수입사들과 전략적인 협력 관계를 맺고 있는데요. 대표적인 예로 최근에 스깃이라고 하는 전세계적으로 유명한

그 외에도 스페셜라이즈드, 서벨로 등 인기 자전거 브랜드 회사들과 고급 자전거들을 무료로 이용할 수 있는 시승 프로모션을 진행해왔습니다. 협력한 회사 측에서도 아주 만족했으며, 곧 더 재밌는 이벤트를 함께 진행하기로 했습니다. 올해 하반기에 다양한 브랜드들과 재밌는 이벤트들을 많이 준비했으니 기대하셔도 좋습니다.

- 잠자는 자전거로 돈을 벌 수 있다는데 알려주세요.

우리 가정에는 자전거를 사놓고 여러 이유로 타지 않고 방치된 자전거들이 많습니다. 이러한 자전거들은 집에서 공간만 차지하는 경우가 많은데요. 이 자전거들을 라이클에 등록하면 해당 자전거가 필요한 사람들에게 이용 요금을 받고 공유할 수 있습니다. 자전거를 공유하고 많게는 월 30~40만원까지 수익을 내는 분들도 있습니다.

- 주로 어떤 이용자들인지(맡기는 사람과 이용하는 사람)

자전거를 공유하는 분들 중에는 여러 케이스가 있습니다. 운동이나 레저 목적으로 자전거를 사고, 바빠서 혹은 자전거 타는 것에 흥미를 잃어 자전거를 안 타는 분들, 자전거를 여러 대 갖고 있어 안 타는 자전거가 있는 분들, 1년에 2~3번 아주 가끔 자전거 타는 분들 등 여러 이유로 자전거를 잘 안 타게 된 분들이 주로 라이클에 자전거를 등록하고 계십니다.

라이클에서 자전거를 이용하는 분들은 주로 여행을 목적으로 서비스를 이용하십니다. 라이클 엔 장거리도 쉽게 여행할 수 있는 전기자전거나 로드 사이클을 주로 빌려주기 때문에 이러한 자전거들의 매력을 느끼는 분들이 주로 이용하시는데요. 남성분들은 로드싸이클을 많이 이용 하시고, 여성분들은 전기자전거를 많이 이용하시는 편입니다.

- 이용자들의 반응은 어떤가요?

라이클 앱에는 자전거를 이용하고 후기를 남길 수 있는데요. 이용자분들의 후기를 보면, 평소 접해보지 못한 새로운 자전거들을 통해 색다른 경험을 할 수 있어 좋았다는 평이 많습니다.

특히 전기자전거는 면허증 없이 자전거도로에서 탈 수 있도록 올해 합법화됨으로써 이용자들 이 대폭 늘어났는데요. 전기자전거는 페달을 살짝만 밟아도 쭉쭉 나가기 때문에 오르막길도 쉽게 올라갈 뿐만 아니라 장거리 여행하기도 너무 좋습니다. 이러한 매력 때문에 그동안 다리 에 힘이 부족해 자전거를 타기 부담스러워했던 여성분들이 전기자전거를 통해 새로운 경험을 할 수 있게 됨으로써 정말 좋아하십니다.

- 앞으로 청년 CEO로서의 꿈이라면

대학을 졸업하고 바로 창업을 시작하며 힘든 일도 많이 겪고 보람도 많이 느끼고 있습니다. 아무것도 없이 시작하는 바람에 어려운 일도 많이 있었지만, 이제껏 없었던 새로운 가치를 만들어나간다는 기쁨을 동력 삼아 앞으로 한보씩 전진하고 있는데요.
지금은 새로운 경험을 제공하는 서비스지만, 머지않아 라이클이 사람들의 일상 속에 자연스레 이용되는 서비스가 되었으면 합니다.
여행을 가면 자연스럽게 라이클 앱을 들여다보며 어떤 자전거를 탈까 고민하는 새로운 라이프 스타일을 만드는 것이 꿈이라 할 수 있습니다.

또한 라이클을 운영하면서 자전거를 통해 기부 라이딩을 후원, 직접 기부 라이딩 행사를 주최 등 사회적으로 좋은 일들을 하고 있습니다.
앞으로도 라이클을 통해 많은 사람들과 더 따뜻한 사회를 만들기 위해 작지만 가슴 뭉클한 일들을 계속해서 실천해나갈 생각입니다.

사. 알리바바 마윈의 이야기와 명언 36)

중국 최대 전자상거래 기업 '알리바바'의 CEO안 **마윈**의 소자본창업 스토리

그림 79 성공사례 마윈

- 가난했고 평범했던 그의 어린 시절

마윈은 1964년 중국 항정우의 가난한 집안에서 평범하게 태어났습니다. 어릴 적부터 공부보다는 친구들과 노는 것을 더 좋아했던 그는 고등학교 시험을 2번이나 낙방했을 정도로 공부에

---

36) 출처 [소자본창업 성공사례] 알리바바 마윈의 이야기와 명언|작성자 블로거 터칭

뛰어난 재능이 있던 학생도 아니었습니다.

공부에 영 흥미 없던 그가 유일하게 영어 공부를 시작하게 된 계기가 생깁니다. 바로 중학교 시절 새로 부임한 영어 선생님을 짝사랑하면서부터 영어 공부에 몰두하게 되는데요. 학원을 다닐 형편이 아니었던 그는 영어를 배우겠다는 의지 하나로 매일 45분씩 자전거를 타고 항정우 호텔로 찾아갔다고 합니다. 항정우를 방문한 외국인을 무작정 붙잡고 무료 관광 가이드를 자처하며 무려 9년 동안 영어를 배웠다고 해요.

- **실패의 연속이었던 마윈의 삶**

하지만 정말 영어에만 몰두했던 그는 대학입시에 번번이 낙방하게 됩니다. 3번의 도전을 끝으로 어렵게 비명문대인 항정우사범대학 영어 전공으로 입학하게 되지만 졸업 후에도 그의 인생은 순탄치 않았습니다. 그는 또 취업의 문턱에서 수많은 실패를 겪게 됩니다.

"
30개의 회사, 모두 불합격
경찰학교 5명의 지원자 중
유일한 탈락자
패스트푸드 KFC 25명 지원자 중
유일한 탈락자
"

166의 작은 키, 45kg의 왜소한 체구와 호감형 얼굴이 아니라는 이유로 패스트푸드 KFC의 아르바이트 25명 지원자 중 유일한 탈락자가 되기도 했죠. 그러던 그는 지방의 한 대학에서 영어 강사로 일하게 됩니다. 그리고 그가 20여 년 전 받았던 월급은 단 89위안(1만 5천 원).

차곡차곡 모았던 종잣돈으로 1992년 영어 번역과 통역을 해주는 통역 회사 '하이보'를 창업하지만 경영과 회계에 대해 경험이 없던 마윈은 직원의 횡령으로 다시 한번 실패를 마주하게 됩니다.

- **마윈 다시 한번 일어나다.**

그러던 중 1955년, 마윈은 협상가로서 미국을 방문하게 되면서 인터넷을 처음으로 접하며 인터넷이 세상을 바꿀 것이라고 확신하고 인터넷 사업을 결심하게 됩니다. 하지만 컴퓨터에 대한 지식이 없던 그는 또다시 사업에 실패하게 되는데요.

그는 거듭되는 실패에도 좌절하지 않고 50만 위안(8,500만원)으로 1999년, 17명의 동료들과 함께 중국 최초로 기업 간의 전자상거래 회사 '알리바바'를 창업하게 됩니다. 그리고 야후!의 창업자인 '제리 양'을 관광 가이드 인연으로 만나 일본 소프트뱅크 '손정의'사장의 200억 원의 투자를 받는 것에 성공하게 되며 지금의 중국 최대 기업으로의 발판을 이루게 되었죠

그림 80 성공사례 마윈 <이미지출처 : 엘비즈코리아>

- 마윈의 경영 노하우 : 고객을 알아야 한다.

하지만 여기서 끝이 아니었습니다. 당시 이베이(ebay)의 중국 진출로 인해 중국의 온라인 시장의 95%가 지배당하고 있었는요. 마윈은 거대 경쟁사였던 이베이와 차별화로 점유율을 높이기 위해 마케팅 전략을 세웁니다. 이베이닷컴이 중국 시장에서 부족한 점이 무엇인지 고민하였고, 최저 수수료를 받고 있던 이베이에게 결정적인 한방을 날리게 되죠.

3년간 수수료 무료 정책, 그리고 그 전략은 완벽하게 성공합니다. 이렇게 이베이가 채우지 못했던 고객의 니즈를 충족시키며 알리바바는 중국 점유율 80% 이상을 달성, 엄청난 성장세를 이어가는데요. 결국 2006년, 이베이는 중국 시장에서 철수하게 됩니다. 이렇듯 세계적인 기업이었던 이베이를 철수시킬 수 있었던 것은 경쟁사에 대한 철저한 분석과 고객의 눈높이에서 가려운 부분을 긁어주는 고객 위주의 전략이 있었기 때문이라고 말합니다. 그는 실제로 직접 고객을 인터뷰하며 고객이 무엇을 원하는지 끊임없이 소통했다고 하는데요. 창업을 시작한 자영업자라면 마찬가지로 고객의 입장에서 생각하는 것이 소통의 시작이 아닐까요.

이렇듯 소자본으로 약 356억 달러의 중국 최고 부자로 성장하기까지 수많은 실패와 시련을 딛고 발판 삼아 일어났기 때문일 것입니다. 그는 성공적인 창업을 위해 도전하고 경험하는 것이 중요하다고 이야기합니다. 그리고 마윈은 예비창업자들에게 말합니다.

"

어떤 실수도 자산이 됩니다.
20대 30대라면 도전을 해야 합니다.
무엇이든 간에 자신만의
꿈을 가지고 덤비세요.
실패할 수도 있으나
삶의 큰 자산이 될 겁니다.
더 큰 꿈을 꾸셨으면 좋겠습니다.
"

아. 주부창업으로 육아와 일 두 가지를 잡다! 37)

아이 돌보면서 예쁜 글씨로 작업도 하고 돈도 벌어요.
주부창업으로 육아와 일 두 마리 토끼를 잡은 전주 최정희님!

1) 최정희님 인터뷰

 손글씨 pop를 시작한지 벌써 11년차랍니다. 다른 분들처럼 저 역시 수작업의 한계를 느끼고 있을 무렵 육아때문에 회사업무(POP제작파트)에 집중하기가 어려운 상황이 오게되었어요.

아이와 시간을 함께 보내면서 돈도 버는..정말 이상적인 꿈을 안고 본격적인 주부창업, 재택창업, 요런걸 알아봤지요~!

재택알바나 재택근무는 거의 다단계 식의 타이핑 알바가 대다수이고, 적은 시간에 많은 돈을 번다는 말이 너무 비현실적으로 들렸어요

그림 81 성공사례 POP 창업

---

37) [출처] 주부창업으로 육아와 일 두 가지를 잡다! 여성 소자본창업 성공사례 작성자 블로거 폼상정
    실장

개인적으로 돈은 일한만큼 번다는 주의라서 쫌 고지식할지 몰라도, 양심적으로 일하고 돈 버는 것이 마음이 편하더라구요. 아무래도 pop 쪽에 있다보니 디지털POP 창업에 대해서도 자연스럽게 접하게 되었는데요. 공방을 내서 운영해도 괜찮겠다는 생각을 하게되었습니다.

초반에는 제대로 디지털POP 창업활동을 했다고 보긴 어려웠던 것 같아요. 생각했던 것보다 디자인 작업시간이 쫌 걸리더라구요. 다른 분들처럼 멋지게 전문가처럼 디자인을 하고 싶은데 몸과 마음이 생각처럼 안 따라주더군요.

특히 저는 폼상체도 적극 활용했지만, 제가 쓴 글씨를 토대로 작업을 하다보니 디자인 작업시간이 쫌 더 걸리더라구요.

처음엔 손글씨나 디지털POP나 작업시간 차이가 별로 안나서 힘들었습니다.
그렇지만 사람은 역시나 적응하는 동물!! 컴퓨터로 뚝딱뚝딱, 기존 시안작업들 참고해서 만들다보니 어느 순간 디자인 시간, 작업결과가 나오는 시간이 단축되기 시작했어요.

다들 이 맛에 디지털POP로 창업을 한거였구나!! 속으로 쾌감을 느끼는 날도 생겼고요.
특히 단체주문 들어올 땐 참 뿌듯합니다. 스스로 '디지털POP로 주부창업 하길 잘 했구나.' 라고 생각이 들었죠.

그림 82 성공사례 POP.

다른분들은 선거나 피켓으로 많은 수익을 가져간다고 하셨는데요. 저는 제약회사들의 비중이 큰 것 같아요.
기존에 주문하셨던 곳의 POP가 꾸준하게 들어오는데다가 손글씨 POP보다 디지털POP가 훨씬 깔끔하고 번지지 않아서 긍정적인 반응이었어요.
그런 부분을 가장 마음에 들어 하셨는지, 재구매율이 높은 편이랍니다^^

제가 디지털 POP로 주부창업을 진행하면서 한 가지 아쉬운 점이 있다면 제대로 홍보를 하지 않았다는 것이에요.

공방을 차리고, 대부분의 시간을 공방에서 보내다보니 주문이 들어오면 그때 제작해서 판매하는 방향으로 진행을 했어요.

그래도 다행히 따로 홍보를 하지 않았는데도 평균 100만원 정도 벌이가 생긴다는 것이 참 신기하더라구요.

맘 먹고 하면 200, 300도 어렵진 않을 것 같아요. 아이가 조금 더 크면 적극적으로 홍보 해보려고 합니다!

요즘 대부분 업체 홍보는 오프라인보다 온라인 홍보를 많이 하잖아요. 우리 주부들만 해도, 핸드폰으로 맘카페나 카톡, 카카오스토리에서 정보를 많이 얻으니까 전단지는 잘 안보게되죠. 그래서 홍보할 때 전단지는 주변 가게들한테만 돌렸어요. 제가 이런 일을 하고 있고, 필요하시면 연락달라는 식으로 말씀드리면서요. 아무래도 매일 지나치면서 보고 인사하다보니 당장은 아니어도 필요할 때가 생기면 찾아주시더라구요!

그리고 신규고객이나 지역상관없이 주문해주시는 분들은 거의 블로그나 홈페이지를 통해 주문하신 경우에요.

특히 저는 카톡과 문자로 제작했던 것들과 시안을 적극적으로 보내드렸어요.

다양한 시안을 보여줄 수 있다는 것이 디지털POP의 가장 큰 장점입니다.

단골고객님들은 동일 디자인 할인혜택으로 꾸준하게 주문해주시고요. 그래서 전화주문으로만 출력해서 보내드리는 경우도 꽤 많답니다. 각 고객 특징별로 어떻게 상담하면 좋을지, 이제 조금씩 감을 잡아 가는 단계인 것 같아요.

주부창업, 재택창업을 찾아보다가 이 글을 보시게 된거라면, 디지털POP로 창업아이템을 결정하셨다면, 다른 것보다 우선적으로 공부해두시면 좋은 것이 바로 일러스트라는 프로그램인데요! 어도비 라는 회사에서 만든 프로그램으로,

편집디자인에 많이 사용되는 프로그램이에요~! 요즘은 온라인 강좌나 블로그 강좌도 자세하게 잘 되어 있어서 동영상이나 글 보고 혼자 따라해보셔도 도움이 많이 되실거에요.

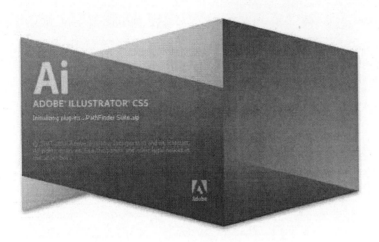

그림 83 성공사례 POP 일러스트.

디지털POP를 하려면 다른것보다 이 프로그램을 잘 다루는 것이 중요하다고 생각합니다^^

영업력도 중요하겠지만, 예쁜 디자인이면 멀리서도 고객은 찾아올테니까요!

꾸준하게 디자인 공부와 프로그램 툴 다루는 방법을 연습하시는 것이 첫번째이고, 두번째는 홍보 인 것 같습니다.
홍보는 온라인과 오프라인으로 나뉘는데, 제가 느끼기에 오프라인보다는 온라인이 바로바로 효과가 있는 것 같더라구요. 창업을 하게되면 폼나는세상에서 온라인 마케팅 교육도 해주고, 프로그램 교육도 해주기 때문에 난 아무것도 못하는데 어떡하지? 라고 생각하셨다면 걱정안 하셔도 될 것 같아요.

정말 하란대로 따라하기만 해도 기본은 하기 때문에, 그 이상은 본인노력 여하에 따라 달라지 는 것 같습니다.

01 출력POP란?

□ 출력POP란?

발빠르게 변화하는 고객니즈에 맞춘 아이템으로
손POP의 단점을 커버한 POP

디자인프로그램을 이용하여 작업한 POP를 별도의 프린터기를 이용하여
출력한 POP를 출력POP라고 정의합니다
손글씨+출력을 합하여 수익의 극대화를 이룰 수 있는 새로운 아이템입니다

□ 출력POP의 장점

01 선명하고 뛰어난 색감
02 빠른 스피드=작업시간 단축
03 단기간 대량작업가능=대량 주문가능
04 크기의 다양성
05 간판 및 배너 등 기타응용 가능
06 손글씨의 감성을 흡수, 특유의 느낌 어필가능
07 공방 없이도 수익창출이 가능
08 다양한 분야에 응용 가능하여 활동시장의 확대 가능

그림 84 성공사례 출력 POP.

초반에 디자인 공부도 폼나는 세상에서 제공해주시는 일러스트, pop 자료가지고 연습해보는 것이 제일 좋습니다.

낯선 프로그램이 손에 익기까지 저는 1~2달 정도 걸린 것 같네요. 폼나는 세상에서도 지속적으로 디자인과 서체개발을 해서 업데이트 해주시기 때문에 연습만이 답입니다.

처음에는 30분 걸리던게, 20분, 10분, 5분으로 단축되는 걸 경험하게 되실거에요! 이 데이터들도 다 저장해두니까 나중에 요긴하게 쓰이더라구요.

그 때는 다 내 것이 되니, 이후에는 홍보와 고객관리만 신경쓴다면 성공합니다!

자. 해외창업 성공사례 미국 유타주 컵밥 푸드트럭 'CUPBOP'38)

그림 85 성공사례. 해외 컵밥

---

38) 참조 : 블로거 프로장사꾼

미국 유타주 컵밥 푸드트럭 'CUPBOP'
한식 최초 nba 스타디움 입점하여 햄버거, 타코 등을 제치고
13개 경기장에서 판매율 1위 기록한 한국 컵밥!

그림 86 성공사례 해외 컵밥 푸드 트럭.

미국인들에게 새로운 개념의 패스트푸드로 자리잡은 컵밥.
초기엔 인기를 끌지 못했지만, 시행착오의 과정을 거쳐 유타주 손꼽히는 푸드트럭이 되었다.
매운 맛을 낯설어 하는 외국인들을 위해 단계별 맵기를 만들고, 한국어를 사용하면 토핑을 추
가해주는 이벤트 등을 진행하며 유타 주 푸드트럭을 정평했다.
이젠 유타를 넘어 미국 전역 푸드트럭 8대, 매장 11곳, 스타디움 매대 15곳을 두어 견고한 체
인점으로 자리잡았다.

그림 87 미국인들에게 새로운 개념의 패스트푸드로 자리잡은 컵밥

맛은 물론 재미있는 경험을 선사하며 새로운 마케팅 방안을 고안했다.
sns에 사연을 올린 고객 집에 차자가 무료 케이터링을 제공하여 파티를 열어준다.
그러면서 자연스럽게 sns 홍보가 될뿐만 아니라 충성 고객을 만들게 된다.

또한 사연을 올리면 찾아가 고기를 쌈싸서 입에 넣어주는 무료 런치배달 서비스도 있는데, 이
렇듯 다양한 이벤트로 미국인들의 호기심을 자극하면서도 즐거운 경험을 선사하는 것이 비법
아닌 비법이다.

그림 88 미국인들에게 새로운 개념의 패스트푸드로 자리잡은 컵밥

차. 전주 남부시장 '청년몰'[39]

그림 89 전주 남부시장 '청년몰', 출처 : kbs

1) '청년몰'

오랜시간 지역주민들의 생활을 책임져온 전주 남부시장.

최근에는 여느 전통시장과 마찬가지로 빈 점포가 늘어가고 사람들의 발길이 뜸해졌는데.

어느 날부터 20대, 30대 젊은 청년들이 이곳으로 출퇴근을 하기 시작했다.

남부시장 10개의 건물 중 유동인구가 드물어 빈 점포가 많았던 6동의 2층을 쓸고 닦은 청년들은 자신의 손으로 가게를 열었다.

- KBS 2TV 다큐 3일-

젊고 패기 있는 청년들이 창고로 쓰이던 남부시장 2층 공간을 자신들의 가게를 차려 낸 곳이 바로 '전주 남부시장 청년몰' 이다.

연합뉴스에 따르면 청년몰은 2011년 문화체육관광부의 '문화를 통한 전통시장 활성화 시범사업(문전성시)'로부터 시작됐고 지역 청년 가치 실현과 전통시장 부흥을 목표로 2013년까지 사업이 추진됐다.

청년몰이 시작될 당시에 전통시장 상인들은 사업의 의미에 반신반의했다고 한다.

그도 그럴 것이 상인들이 보기에는 경험도 없는 청년들이 들어와서 전통시장의 분위기를 오히려 흐리지는 않을까 걱정이 됐다.

하지만 관광객들은 청년들의 젊은 감각이 담긴 아기자기한 소품과 다양한 먹거리에 관심을 갖게됩니다.

---

39) [출처] 청년 창업 성공사례 1탄, 청년과 창고가 만나면? [전주 남부시장 청년몰]|작성자 tw_consult

2013년 사업이 종료되고 중간에 경영난에 부침을 겪기도 했지만 전주한옥마을이 전국 관광지로 급부상하고 상인들과 청년들이 힘을 합쳐 청년몰 운영에 힘쓴 결과 현재 남부시장은 기존의 전통시장의 멋에 젊은 감각까지 더해진 핫 플레이스가 되었다.

2) 점포소개

1. 탐관오리

그림 90 전주 청년몰 '탐관오리', 출처 : 전주시 블로그

수제 옷 및 맞춤옷 제작 전문 상점으로 탐나게 보이는 옷이라는 의미를 가진 재미있는 탐관오리는 주인이 손수 만든 수제 옷과 요청에 의해서 만드는 맞춤옷을 전문으로 제작하는 곳이다.

2. 책방 토닥토닥

그림 91 전주 청년몰 '토닥토닥', 출처 : 전주시 블로그

토닥토닥은 독립 출판사 책들을 판매하는 청년몰의 작은 서점이다.
다양한 책은 물론 여러 가지 문화 모임도 이루어지는 곳이라고한다.

3. 영상총각의 키친

그림 92 전주 청년몰 '영상총각의 kitchen', 출처 : 전주시 블로그

영상총각의 키친은 수제 햄버거와 맥주를 즐길 수 있는 공간으로 전통시장의 맛과는 상반되는 고급진 음식이 매력적인 곳이다.

4. 시어트리

그림 93 전주 남부시장 청년몰 '시어트리', 출처 : 전주시 블로그

시어트리는 천연화장품을 판매하는 곳으로 수제 비누, 선크림, 핸드크림, 립밤 등 다양한 화장품을 판매하는 곳이다.

5. 솜씨 공방

그림 94 전주 남부시장 청년몰 '솜씨공방', 출처 : 전주시 블로그

솜씨공방은 핸드페인팅으로 만든 도자기를 판매하는 공간이다. 다양한 컵과 접시 등을 구매할 수도 있고 체험을 통해 나만의 핸드페인팅 도자기를 만들 수도 있다.

카. 쇼핑몰 성공사례 '육육걸즈'

그림 95 쇼핑몰 성공사례 '육육걸즈'

육육걸즈 박예나대표는 당시 10대였을 때 쇼핑몰을 운영하기 시작했다. 그 당시 박예나대표는
"왜 쇼핑몰은 모두 날씬한 모델에서 44, 55치수 옷만 취급하는걸까?"
라고 생각을 가지고 있었다. 그래서 그녀는 다른 쇼핑몰과 차별을 두어 평균 여성 치수보다
한 치수 큰 66사이즈의 옷을 팔기 시작했다.

당시 다수 의류 브랜드들이 프리사이즈로 많이 판매하고 있어 불편하다는 얘기가 많았다.
그래서 조금 통통하거나 심지어 뚱뚱한 체형을 가진 여성들의 틈새시장을 공략한 것이다.
2008년 첫 달 수익은 4만원이였지만, 1년이 지나 매출이 1000만원, 2000만원 대의 상승곡선
을 그리다가 2009년에 평균 매출 3천만원대를 받게된다. 그리고 육육걸즈는 리뉴얼 후 한달
에 8억 이상의 매출을 올리게 되었다.

또한 육육걸즈는 보통 택배비가 2500원이데 빠른배송과 저렴한 배송비 1800원, 배송부분 1위
인 우체국을 선택함으로써 고객들에게 신뢰도와 신속배송을 모두 잡을 수 있었다.

현재는 모바일 시장이 활발한데 다른 쇼핑몰 보다 발빠르게 모바일 앱을 만들고
모바일 앱을 장려하기 위해 모바일 앱으로 구입시 더 할인이 된다.
이처럼 다른 것들과 차별전략을 펼쳐 인터넷 쇼핑몰중에서 항상 탑을 유지하고 있다.

07

청년창업 지원제도

7. 청년창업 지원제도

가. 푸드 창업을 위한 교육, 싹 다 무료로 받자! :: 서울시 자영업지원센터 소상공인 아카데미

맨땅에 헤딩은 금물! 창업, 제대로 알고 해야 실패확률이 줄어들겠죠? 혹시 교육과 컨설팅에 드는 비용이 걱정되시나요? 놉! 얼마든지 무료로 창업 교육과 맞춤형 컨설팅을 받을 수 있는 기회가 있습니다.

그림 96 소상공인 아카데미.

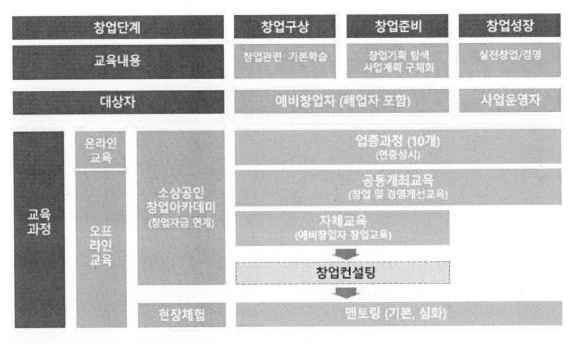

그림 97 창업과정 아카데미 교육

구분		교육내용	특징
소상공인 창업 아카데미 (창업자금)	온라인 교육	지식서비스, 소호무역, 유통업, 외식업, 인터넷, 경영컨설팅, 패션, 벤처, 서비스,스마트업	- 수강생 교육 편의 및 접근성 제고 - 10개 과정 구성
	오프라인 교육	- 창업 준비절차 및 창업가정신 - 사업계획서 이론 및 작성 실습 - 창업자금 보증지원제도 및 신용관리 - 우리마을가게 상권분석 서비스 활용법 - 온라인 마케팅전략 및 홍보 - 창업세무 - 성공사업자 초청 특강	- 창업실태 및 창업10계명을 통한 신중한 창업 접근 - 사업계획서작성, 자금, 세무 등 창업준비를 위한 실무 - 상권분석, 마케팅, 성공사업자 특강 등 경영을 위한 실전/사례 위주교육

그림 98 교육과정별 내용 및 특징

서울특별시 자영업지원센터는 소상공인 아카데미를 운영하며 서울시역 창업 희망자들을 위해 창업과정에서 필요한 온라인과 오프라인 교육을 무료로 제공하고 있습니다.

나. 집합교육

집합교육은 창업을 위한 기본 교육과정을 무료 오프라인 강의로 제공합니다. 각 과정별 50~100명 내외로 수시 모집하기 때문에 수강신청 공고를 잘 확인하여 수강신청을 하시고 교육을 받으셔야 합니다. 교육은 보통 2~3일, 총 12~14시간 동안 진행됩니다. 강좌 내용은 창업 준비절차부터 마케팅 및 홍보 전략과 피해예방 교육 등으로 구성됩니다.

다. 온라인교육

그림 99 창업과정 온라인교육

온라인 교육은 업종별 기본이론 교육으로 누구나 시간과 공간적 제약 없이 온라인과 모바일에서 학습이 가능해요! 온라인강좌이니 모집인원 수 제한도 없답니다! 10개 과정 중 외식업 창업 과정의 경우 외식업 예비창업자들을 위하여 메뉴개발, 가격전략, 상권입지 분석 등의 기본지식을 알려주는 30차시 강의로 구성되어 있습니다!

라. 멘토링 체험

그림 100 백선생 부럽지 않은 비법전수현장체험(멘토링)

서울시 자영업지원센터에서 시행하는 현장체험(멘토링)은 예비창업자나 새로운 사업을 모색하는 기존 사업자가 실제 성공점포를 방문하여 현장체험과 노하우를 전수받을 수 있도록 지원해주는 사업입니다! 1대1 멘토링이기 때문에 멘토로부터 나에게 맞춤화된 상담과 비법전수를 기대해 볼 수 있습니다.

멘토링 과정은 기본 멘토링 과정과 심화 멘토링 과정으로 구성되어 있습니다!

구분	기본 멘토링	심화 멘토링
지원 기간	2일	15일 이내
지원 내용	경영전반에 관한 정보, 지식 공유 현장견학, 경영노하우 연습	멘토업체에서 점포운영과 고객서비스, 경영전반에 관한 경영실전 현장체험학습
지원 대상	예비창업자, 자영업클리닉 컨설팅 수진자 등	예비창업자(기본 멘토링 이수자)
지원 자격	- 예비창업자 : 서울시 자영업지원센터 창업교육 수료자 또는 창업컨설팅 지원을 받은 자 - 기존사업자 : 아래 요건 중 1개 이상의 항목에 해당하는 자	

	1) 2017년 종합컨설팅(자영업클리닉 또는 사업정리) 수진업체 2) 서울시 찾아가는 자영업지원센터 컨설팅 수진업체 3) 자영업지원센터 경영개선과정 교육수료자
기 타	1:1 멘토링 원칙(멘토 당 멘티 2명까지 동시 진행 가능) 기본 멘토링 이수 후 심화 멘토링 가능 (예비창업자에 한함)

표 7 멘토링 과정

마. 내 가게 위치 선정을 신중하게! :: 상권분석서비스

외식업 창업에서 가장 중요한 것 중 하나가 바로 **점포의 위치 선정**이겠죠! 실패가 두려운 당신을 위해 서울시가 골목상권을 분석해서 정보를 제공해준다니 활용해봅시다.

그림 101 서울시 골목상권 분석

서울시는 상권 관련 빅데이터를 토대로 자영업자가 가장 많이 창업하고 있는 43개의 생활밀착업종을 선별하여 업종별 다양한 정보를 상권 단위로 제공하고 있습니다.

골목상권 분석 서비스는 서울시가 창업예정자 및 기존 자영업자에게 상권 관련 정보는 물론 골목상권 단위로 모니터링을 통해 상권의 위험을 감지하여 정보를 제공해줍니다. 또한 소상공인경영지원센터의 200여 명의 전문 컨설턴트가 전문가용 골목상권 분석 서비스를 통해 자영업 지원 및 창업 컨설팅을 지원한다고 하네요~

창업자금이 필요하다면? 청년전용 창업자금

그림 102 청년전용 창업자금

창업을 위해서는 뭐니뭐니해도 창업 자금이 필요하겠죠! 중소기업진흥공단에서는 예비창업주들을 위해서 다양한 방식으로 일반 시장금리보다 낮은 금리로 자금을 지원하거나 투자하고 있는데요~ 그 중에서도 청년전용창업자금은 청년만 신청할 수 있답니다!

청년전용창업자금 지원대상자는 대표자가 만 39세 이하로 사업 개시일로부터 3년 미만(신청·접수일 기준)인 중소기업 및 창업을 준비 중인 자라고 합니다. 청년 창업자들을 위해 특별히 마련된 자금지원제도라고 할 수 있겠네요!

▶지원내용

융자금리	연 2.0% 고정
융자기간	시설·운전 6년 이내(거치기간 3년 이내 포함)
융자한도	기업당 1억원 이내
융자방식	중진공이 자금 신청·접수와 함께 교육·컨설팅 실시 및 사업계획서 등에 대한 평가를 통하여 융자대상 결정 후 직접대출(융자상환금 조정형)
	* 융자상환금 조정형 : 정직한 창업실패자에 대하여 심의를 통해 선별적으로 융자상환금의 일부

표 8 청년전용 **지원내용**

바. 전통시장에 내 가게가 생긴다!? 청년상인 창업지원

그림 103 청년상인 창업지원

청년상인 창업지원은 내 가게 창업을 꿈꾸는 만 39세 미만 청년들에게 전통시장의 빈 점포를 지원해주는 사업입니다! 청년들에게 전통시장 내 점포를 지원해줌으로써 청년들은 내 가게가 생기게 되고, 전통시장은 상인들의 세대교체 및 젊은 층 고객유입을 통해 변화와 혁신을 기대해 볼 수 있겠네요.

청년상인 창업지원은 창업에 필요한 교육과 창업역량강화 교육을 비롯해서 보증금, 임차료, 인테리어 비용 등의 점포 입점 비용을 지원하고, 안정적인 정착을 위한 마케팅 및 컨설팅 비용까지 지원해준다고 합니다.

▶지원내용

창업 준비	청년 예비창업자를 모집하여 창업에 필요한 기본교육, 창업절차, 세무·회계 교육 제공 등 청년상인의 역량 강화 기회 제공
점포 입점	창업교육 결과 성적이 우수한 청년상인 대상 정식점포 입점 지원, 점포당 최대 17백만원 이내(점포면적 33㎡ 기준)
자생력 제고	청년상인들의 안정적인 정착을 위한 컨설팅, 공동 마케팅·홍보 등 지원

표 9 청년상인 지원내용

지금까지 청년들의 외식업 창업에 도움이 될만한 지원정책들을 살펴보았는데요~
외식업을 창업을 희망하는 청년들이 가진 아이디어와 역량을 마구 뽐내며 무료로 실제 레스토랑을 운영해 볼 수 기회, 외식창업 인큐베이팅에 대해 아시나요?

사. 외식창업인큐베이팅 팝업 레스토랑 aTorang

그림 104 aTorang.

aTorang은 한국농수산식품유통공사가 외식창업 성공률을 높이기 위해 추진하는 프로젝트로, 외식창업을 희망하는 대학생 및 청년들에게 매장과 주방시설을 무료로 제공하여 외식창업을 경험하는 기회를 제공합니다! 한 달 간 직접 레스토랑 운영도 해보고! 우수 참여 팀에게는 시상까지 주어지는 절호의 기회가 될 수 있겠네요.

에이토랑(aTorang) 운영 참가팀은 외식 창업을 희망하는 대학생 및 청년을 팀 단위로 선발합니다. 대학팀은 8인 이상의 재학생 및 휴학생으로 구성되어야 하며, 청년팀은 만 20~39세 이하 3인 이상으로 구성되어야 합니다.
- 팀 구성원 중 외식조리 관련학과 또는 조리사 자격증 소지자 1인 이상 포함
- 외식 관련 전공은 외식경영, 호텔조리, 식품가공, 조리과학, 관광조리, 식품영양학 등 포괄적 인정

에이토랑 운영팀에 참여하게 된다면, 한 달 동안 서울 양재동 aT센터 내 에이토랑 공간에서 나의 레스토랑을 운영하게 되는데요. 주방시설, 기물 및 인테리어 등 일체가 제공됩니다!

이뿐만 아니라 에이토랑 운영 후 창업 희망팀은 컨설팅 및 멘토링 지원까지 받을 수 있다고 합니다. 에이토랑 운영이 끝난 후에는 전체 팀별 평가를 통해 우수 운영팀에 선정 및 시상이 있다는 점도 놓치지 말아야겠는데요!
직접 내 가게를 운영하며 역량을 발휘할 수 있고 시상의 기회까지 주어지는 에이토랑 운영! 외식업 창업을 희망하는 예비 창업자분들은 기회를 놓치지 말고 지원해보시길 바랍니다.[40]

---

40) [출처][청년정책] 청년정책(issue): 백종원의 골목식당으로 본 청년창업|작성자 청년정책

아. 청년창업사관학교

청년창업사관학교는 우수기술을 보유한 청년 창업자를 발굴하고 사업계획 수립부터 사업화까지 창업의 전 과정을 지원해 혁신적인 청년 창업가를 양성하고자 중소벤처기업진흥공단이 2011년 경기도 안산시에 설립했다. 청년창업사관학교는 개교부터 2020년까지 청년 창업가 4,798명을 배출했는데 이 기간 이들이 창업한 기업은 누적 매출 4조 7,800억 원과 신규 일자리 1만 3,700개를 창출했다.

기술창업 위주 청년 창업자를 선발 ≫ 창업 全 과정 일괄 지원

사업예산	'21 1,077억원 선발인원 1,065명	'11 180억원	'17 500억원	'18 1,022억원	'19 922억원	'20 1,041억원

지원대상: 39세 이하 **창업기업의 대표** (창업 후 3년 이내)
☑ 고용 및 부가가치 창출이 높은 **기술집약 업종** (혁신제조 융복합 업종)

지원내용	사업비 지원	창업공간	창업교육	창업코칭	기술 지원	연계 지원	글로벌 지원
	창업활동비, 시제품 제작비 마케팅비 등 지원	청년창업사관학교에 창업준비공간 제공	창업 단계별 집중교육	전담교수 1:1 집중코칭	제품개발 과정의 기술 및 장비지원	정책자금, 판로지원, 입지 등 연계지원	해외 판로, 마케팅 지원

지원체계	01 창업준비	02 입교	03 중간평가	04 성공평가	05 연계지원

01 창업역량강화 〉 02 사업계획, 제품개발 〉 03 시제품 제작 〉 04 마케팅 지원

국내 최초로 공인인증서 없이 간편송금 서비스를 시작한 토스. 2015년 토스는 서비스를 시작한 지 3년 만인 2018년에 기업가치 1조 원이 넘는 '유니콘기업'에 등극했습니다. 이 서비스를 개발한 비바리퍼블리카 이 대표 또한 청년창업사관학교 2기 출신이며 그는 청년창업사관학교에서 사업기획안 작성부터 자금조달, 판로개척 등 실질적인 창업교육을 받으며 성장했다.

부동산 거래 플랫폼으로 유명한 '직방'을 운영하는 안 대표도 청년창업사관학교 1기 출신으로 당초 전자상거래로 창업한 안 대표는 청년창업사관학교 교육과정을 통해 '부동산 거래'로 분야를 한정했다.

사관학교라는 명칭에서 알 수 있듯이 입교 후 1년간 창업 교육을 제대로 배울 수 있고 기업가정신 고취를 위한 교육, 창업 실무 지도 등의 수업을 받아 1년간 80학점 이상 이수해야 한다는 졸업요건도 있다.

그림 107 선발 및 입교절차

창업자금부터 교육, 지도, 공간·장비 판로까지 그야말로 창업에 필요한 모든 것이 지원되며 입교생이 되면 1년간 창업 공간으로 활용할 사무공간과 실무역량 중심의 창업 교육, 내·외부 복수 전문가로 구성된 전담 코치 지도(멘토링)를 지원받을 수 있다. 제품 개발과 판로 확보 등 창업 성공률을 높이기 위한 공통 교육뿐 아니라 창업 과제별 전문기술과 경영 교육 등도 제공된다.

입교생의 아이디어를 신속하게 사업화할 수 있도록 제품 개발 전문인력을 두고 상시적으로 개발 자문 및 시제품 제작을 지원하는 제품 개발실도 운영하고 있다. 설계도면 없이 간략한 아이디어만 있는 경우에도 디자인과 설계 지원 등 제품 개발 컨설팅을 통해 원하는 시제품을 제작할 수 있는 것이다.

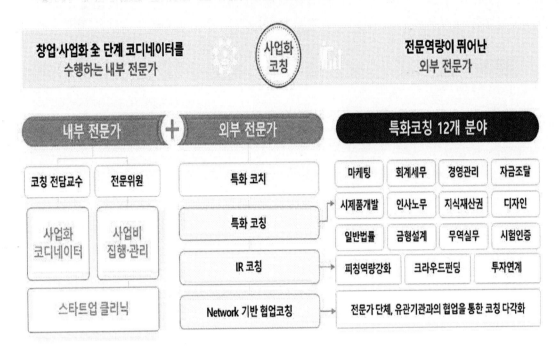

그림 108 창업코칭시스템

개발자금으로 총 사업비의 70% 범위 내에서 1억 원까지 사업화 자금이 지원되므로 청년 창업의 최대 걸림돌인 창업자금 문제도 해결할 수 있다. 졸업 후에도 5년간 청년 창업가들이 안정적 성장 발판을 마련할 수 있도록 성장 이력을 관리하며 정책자금, 내수판로, 수출마케팅, 투자유치, 연구·개발(R&D) 등 중소벤처기업진흥공단뿐 아니라 유관기관의 다양한 지원시책을 연계해 청년 창업가들의 성장을 돕는다.

이 같은 체계적인 교육과 지원을 거친 만큼 창업 생존율도 높다. 청년창업사관학교 출신 창업기업의 1년 차 생존율은 99.9%, 3년 차는 84.6%, 5년 차는 73.4%에 달하며 창업기업의 경우 5년을 넘기면 어느 정도 안정권에 들어선 것으로 판단하는데 일반 창업기업의 경우 5년 차 생존율은 31.5% 정도이다.[41)]

---

41) '토스', '직방' 키워낸 청년창업사관학교, 어떤 곳인가요?/ 작성자 공감

초판 1쇄 인쇄 2018년 8월 20일
초판 1쇄 발행 2018년 8월 24일
개정판 발행 2021년 4월 19일

편저 ㈜비피기술거래
펴낸곳 비티타임즈
발행자번호 959406
주소 전북 전주시 서신동 780-2 3층
대표전화 063 277 3557
팩스 063 277 3558
이메일 bpj3558@naver.com
ISBN 979-11-6345-257-7 (13320)

이 도서의 국립중앙도서관 출판예정도서목록(CIP)은 서지정보유통지원시스템 홈페이지
(http://seoji.nl.go.kr)와 국가자료공동목록시스템 (http://www.nl.go.kr/kolisnet)에서 이용하실 수 있
습니다.